À chacun sa mission

Jean Monbourquette

À chacun sa mission

Découvrir son projet de vie

À chacun sa mission
est publié par Novalis.

Photographie couverture: Superstock

Photographie de l'auteur: Laforest et Sabourin

Maquette de couverture: Robert Paquet

Direction littéraire: Josée Latulippe

Éditique: Suzanne Latourelle

© 1999: Novalis, Université Saint-Paul, Ottawa.

Dépôts légaux: 4e trimestre 1999
Bibliothèque nationale du Canada
Bibliothèque nationale du Québec

Novalis, C.P. 990, Ville Mont-Royal (Québec) H3P 3M8

Nous reconnaissons l'aide financière du gouvernement du Canada par l'entremise du Programme d'aide au développement de l'industrie de l'édition (PADIÉ) pour nos activités d'édition.

ISBN: 2-89507-059-8
Réimpression: 2000
Imprimé au Canada

Note: la forme masculine est utilisée tout au long de ce document dans le seul but d'alléger le texte.

Données de catalogage avant publication (Canada)

Monbourquette, Jean

   À chacun sa mission: découvrir son projet de vie

   Comprend des réf. bibliogr.

   ISBN 2-89507-059-8

   1. Vie - Philosophie. 2. Réalisation de soi. 3. Événements stressants de la vie. 4. Changement (Psychologie). 5. Perte (Psychologie). 6. Lâcher prise. I. Titre.

BD431.M66   1999   113'.8   C99-941590-5

NOVALIS

*Heureuses les personnes
dont Tu es la force:
des chemins s'ouvrent
dans leur cœur!*

Psaume 84, 6

Sommaire

Remerciements

Je tiens à exprimer ma reconnaissance au père Jacques Croteau, mon ami et collègue, qui a bien voulu s'associer à mon projet d'écriture. Il a généreusement consenti non seulement à améliorer le style et la clarté du texte, mais à faire une critique judicieuse des idées. Pauline Vertefeuille s'est offerte gracieusement à relire le texte avec son œil exercé de journaliste, mettant en valeur les idées-clés. Une fois de plus, j'ai eu le bonheur de voir mon livre révisé par Josée Latulippe. Je le savais en bonnes mains, car Josée en a pris soin comme si c'était son propre ouvrage.

Introduction

Une psychologue en milieu hospitalier me confiait qu'elle passait le plus clair de son temps non pas à écouter les patients, mais à soigner la détresse de ses collègues. La plupart d'entre eux s'interrogeaient sur le sens de leur existence: «À quoi bon vivre? Mon travail sert à qui, à quoi? Y a-t-il autre chose dans la vie que *métro, boulot, dodo*?» La perte des significations de la vie offertes par les religions traditionnelles et les philosophies humanistes a creusé un vide existentiel chez beaucoup de nos contemporains. Il m'a donc semblé important de présenter au lecteur mes réflexions sur la quête du sens dans sa vie et de le faire, précisément, en donnant des outils facilitant la découverte de sa mission personnelle. Celle-ci contribue en effet à donner un sens à ses faits et gestes de chaque jour. Savoir le pourquoi de son existence apporte à la personne à la fois un sens à sa vie, une cohérence interne et une orientation à son activité, autant d'éléments d'épanouissement de la personne.

À qui s'adresse ce livre?

Le principal objectif de cet ouvrage est d'accompagner les personnes aux prises avec les transitions de la vie, qu'elles aient été voulues ou imposées. Des transitions, nous sommes tous appelés à en vivre, tôt ou tard. Or, beaucoup les vivent sans s'y être préparés ou sans y avoir été initiés: jeunes adultes restés adolescents, adultes

11

confrontés au mitan de leur vie, parents arrivés à l'étape du «nid vide», retraités volontaires ou obligés, personnes âgées voyant déjà venir leur fin prochaine. Dans ces périodes charnières annonçant un changement dans leur vie, tous se posent d'une façon aiguë la question de leur identité, de la signification de leur existence et de leur avenir.

D'autres transitions sont provoquées par des événements imprévus. En écrivant ce livre, je pense d'une manière spéciale aux personnes qui ont subi de lourdes pertes: brisure d'une relation signifiante, décès d'un être cher, chômage, mise à la retraite, perte de croyances spirituelles significatives, non-actualisation de leur potentiel ou tout simplement absence de raisons de vivre. Je pense aussi à certains lecteurs en pleine crise existentielle, insatisfaits des motivations qui jusque-là les faisaient vivre; aux personnes coincées dans un scénario de vie qui ne leur convient plus; à d'autres éprouvant un ras-le-bol continuel ou un ennui indéfinissable; à tous ceux, enfin, qui ont l'impression d'avoir manqué le bateau de leur vie.

L'orientation de cet ouvrage

Avant le travail d'écriture proprement dit, le contenu de cet ouvrage a été expérimenté auprès de cinq groupes de jeunes et d'adultes rendus au mitan de leur vie. Ces rencontres, échelonnées sur trois fins de semaine, invitaient les participants à une quête spirituelle en trois temps: faire le deuil des étapes de leur vie déjà franchies, approfondir leur identité et pressentir leur mission véritable. À la fin de la démarche, les participants furent presque unanimes à affirmer qu'ils avaient acquis une meilleure connaissance d'eux-mêmes, de leur mission et de ce qu'ils désiraient accomplir dans la vie. C'est à cette quête personnelle, visant à le conduire à la découverte de sa mission, que je convie le lecteur. Le mot *quête* vient d'un mot latin *quaesitus* qui signifie également recherche et questionnement.

La démarche présentée ici suit, dans ses grandes lignes, le modèle de changement proposé par William Bridges dans *Transitions, Making Sense of Life's Changes*. Cet auteur conçoit la vie humaine comme une suite de *passages* ou de *transitions* à réaliser selon un schème de croissance à trois temps: le temps du détachement d'une période passée, celui de la «marge» où il est donné à la personne d'approfondir son identité et sa mission et, finalement, celui de la mise en œuvre de sa mission dans le contexte de sa communauté.

Ce processus en trois phases est un modèle classique commun aux rites initiatiques. Les récits mythiques sont, eux aussi, construits autour de trois étapes: l'appel et le départ du héros, les épreuves qu'il doit surmonter et son retour glorieux. Plusieurs rituels de guérison suivent ce schéma. C'est le cas de la dynamique des douze étapes des Alcooliques anonymes: l'abandon de l'alcool, la lutte interne et la guérison.

Les trois premiers chapitres de ce livre décrivent la mission de façon théorique et soulignent l'importance de la suivre. Tous les autres sont organisés selon le modèle présenté par Bridges. Ainsi, les quatrième et cinquième chapitres examinent le temps du «lâcher prise» par le deuil et le pardon, passage obligé afin de se sentir libéré pour sa quête. Les sixième et septième chapitres décrivent la période de «marge» permettant à la personne d'approfondir son identité et de mieux comprendre ce que la vie attend d'elle. Les trois chapitres suivants (huitième, neuvième et dixième) portent sur les stratégies appropriées pour découvrir sa mission. Enfin, les deux derniers chapitres s'intéressent à la dernière étape de la réalisation concrète de la mission, aux résistances possibles à cette étape, ainsi qu'au choix de collaborateurs.

Certains chapitres se terminent par une série d'exercices pratiques. Je suggère au lecteur de prévoir un cahier dans lequel il pourra, tout au long de la démarche, noter ses réponses aux divers exercices. Le *Journal des découvertes de sa mission*, placé à la fin de cet ouvrage (p. 181), permettra au lecteur de compiler les résultats de ses recherches personnelles, de faire la synthèse de ses découvertes et de formuler son projet de vie.

Première partie

Notions générales
sur la mission

I

La mission personnelle, comment la définir?

Trois tailleurs de pierre,
attablés dans une taverne,
se reposent de leur journée de travail
en buvant une bière.
Le patron de l'établissement demande au
premier ce qu'il fait dans la vie.
Celui-ci lui répond: «Je taille des pierres.»
Puis le second, à qui il adresse
la même question, lui dit:
«Je taille des pierres pour bâtir un mur.»
Le troisième, sans même attendre la question du
tavernier, s'empresse de lui déclarer avec fierté:
«Je suis en train de bâtir une cathédrale.»

Mission, vocation, vision:
une question de vocabulaire

Pour éviter toute ambiguïté, j'aimerais préciser d'entrée de jeu le sens que le mot *mission* prendra dans le présent ouvrage. Il n'aura pas celui qu'il revêt dans les expressions *mission diplomatique* ou *missions étrangères*, désignant une fonction ou un pouvoir confié à quelqu'un par l'autorité compétente. Ici, le terme *mission* renvoie à une orientation inscrite dans l'être de chacun en vue d'une action sociale. Autrement dit, il désigne le besoin ressenti de s'épanouir dans un agir correspondant à son identité, au service d'une communauté.

La littérature actuelle sur le thème de la mission emploie aussi deux autres synonymes pour décrire la même réalité, à savoir les termes *vocation* et *vision*. Dans le vocabulaire religieux, ces mots désignent l'invitation d'un être suprême à suivre telle ou telle voie. Ce n'est pas dans ce sens qu'ils seront utilisés ici, le contexte étant plutôt psychospirituel que religieux.

Les termes *mission, vocation* et *vision* sont donc employés ici pour exprimer une même réalité, même s'ils renvoient à divers modes de perception: l'émotivité, l'audition et la vision. L'étymologie de ces mots permet de mettre en évidence leurs différences. *Mission* (en latin, *missio* et *missus*, qui signifie «envoyé») évoque une poussée, un élan intérieur d'ordre émotif. *Vocation* (en latin *vocatus*, c'est-à-dire «appelé») relève du mode auditif; plus précisément, ce mot renvoie à un appel venu du fond de soi-même. *Vision* (du latin *visio* ou *visus*, c'est-à-dire «qui a été vu») appartient au mode visuel. Ce terme désignera habituellement une image interne, une idée créatrice ou un plan à réaliser. Je ferai plus fréquemment usage du mot *mission; vision* et *vocation* seront utilisés à l'occasion.

Comment définir la mission personnelle?

Pour David Spangler dans son livre *The Call*, il n'existerait qu'une seule et véritable mission: AIMER. Difficile de contredire une telle affirmation! Bien que véridique, elle m'apparaît toutefois trop générale. Aussi convient-il de dresser une liste de formes plus concrètes de mission qui, bien entendu, sont au service de l'amour.

La mission personnelle peut revêtir plusieurs modalités et formes. Pour la réaliser adéquatement, il suffira parfois d'apporter des modifications à son travail. Ainsi, on pourra accomplir la même tâche, mais dans un autre contexte; se perfectionner en poursuivant des études, changer d'attitude à l'égard de son emploi; devenir son propre patron et travailler à son compte; mettre davantage l'accent sur le travail d'équipe, découvrir une nouvelle raison d'être à ce qu'on fait; etc.

Dans certains cas, la mission consistera à opérer un changement d'attitude: devenir par exemple plus créateur, plus compatissant, plus encourageant, moins craintif, plus entreprenant, plus engagé, plus satisfait, plus porté à exprimer sa gratitude.

D'autres fois, on devra aller jusqu'à changer de carrière ou d'emploi si l'on veut répondre à un appel persistant de l'âme comme celui de se mettre au service des autres, de s'engager en politique, de faire de la coopération internationale, de trouver une nouvelle forme d'expression artistique, de rallumer une ancienne passion, etc. Enfin, s'acquitter de sa mission signifiera peut-être choisir un style de vie totalement nouveau: se marier, avoir un enfant, vivre à la campagne, devenir ermite, se joindre à une communauté de gens désireux de vivre les mêmes valeurs, se trouver un nouveau partenaire dont l'idéal spirituel correspond au sien, etc.

Comment reconnaître la mission personnelle?

La mission personnelle revêt divers déguisements: un idéal à poursuivre, une passion, un but important à atteindre, un désir profond et persistant, une inclination durable de l'âme, un enthousiasme débordant pour un genre d'activité, etc. Il arrive aussi qu'on découvre sa mission personnelle... en ne l'ayant pas découverte ou en l'ayant refusée. En effet, on sera alors envahi par l'ennui, les regrets, la nostalgie, une impression de vide, des rêves récurrents ou des rappels accusateurs. Même non découverte ou niée, la mission continuera d'être un phare brillant dans les ténèbres.

On croit souvent que chacun choisit librement sa mission. Il serait plus juste de dire que c'est la mission qui choisit l'individu. Quand il collabore avec elle, elle se fait sagesse de l'âme, guide sur la route, le mettant en garde contre la dispersion et les égarements. Elle l'encourage à concentrer ses énergies. Elle l'aide à prendre les bonnes décisions. Enfin, elle lui permet de discerner quels seront ses vrais collaborateurs dans l'aventure de sa vie. Plus qu'une trouvaille parmi tant d'autres sur le sentier de la vie, la mission est le sentier lui-même.

Comment découvrir sa mission?

Pour découvrir leur mission, beaucoup s'attendent à recevoir une révélation du ciel comme si le doigt noueux de Dieu devait leur apparaître, avec éclairs et tonnerre, pour leur indiquer la voie à suivre. Sans doute certains personnages de l'histoire ont-ils reçu des signes incontournables de leur mission. Pensons aux prophètes de la Bible, Isaïe, Élie et Amos, par exemple, ou encore à Jeanne d'Arc, qui entendait des voix lui enjoignant d'aller sauver la France.

Mais la révélation de la mission personnelle se fait habituellement beaucoup plus discrète, empruntant de multiples subterfuges. Ainsi, on redécouvrira un livre qu'on avait longtemps laissé dormir dans sa bibliothèque ou on rencontrera par hasard une personne discutant d'un sujet captivant; on s'inscrira à un cours, sans trop de conviction au départ, ou on apprendra la tenue d'un atelier de formation; on acceptera une tâche qui, à première vue, aura semblé dépasser ses capacités; on tombera malade, on aura un accident ou on vivra un divorce. On pourra aussi être témoin d'une situation sociale pénible qui aura ému et ébranlé jusqu'au tréfonds de son âme. Tous ces événements forceront la personne à changer d'orientation.

La mission peut aussi s'annoncer non pas par des signes extérieurs, mais par des états d'âme qu'on aurait tendance à négliger et même à ignorer: ruminations persistantes, aversion pour un travail, sourds élans de conscience, fantasmes fugaces, rêves éveillés, intérêts constants, etc. Le jour où l'on s'arrêtera enfin pour relier entre eux tous ces subtils mouvements intérieurs et déchiffrer ces multiples signaux, on se retrouvera en face de sa mission, un peu comme si on avait suivi à l'aveuglette un fil d'Ariane conduisant à travers le dédale des événements de sa vie.

Quelquefois, l'orientation profonde de son âme s'imposera d'une façon plus convaincante. Elle prendra alors la forme d'un appel clair, d'une émotion bouleversante, d'une inspiration soudaine, d'une idée enlevante, d'un éclair de génie, d'une occasion inespérée, d'une rencontre imprévue, d'une situation sociale interpellante, etc.

Chose certaine, on ne se prépare pas tellement à sa mission. Mais on y est préparé à son insu par des décisions pas toujours rationnelles, des «oui» timides, une maladie, un *burn-out*, des événements bizarres... C'est seulement beaucoup plus tard, en revoyant l'itinéraire de sa vie, qu'on s'aperçoit qu'un dessein mystérieux avait servi de guide. En général, la nature n'agit pas par bonds, mais elle rend une personne capable de faire dans sa vie les transitions majeures. Les menstruations préparent la femme aux douleurs de l'accouchement; les multiples petits deuils de la vie prédisposent la personne à accepter le grand deuil qu'est la mort. La mission d'une personne fait de même: quand elle l'appelle à un dépassement important, elle compte sur les nombreux petits «oui» qui auront rendu son acquiescement plus facile.

Mission et identité

La connaissance de soi est le facteur principal dans la découverte de sa mission. Quelle que soit la forme que prend la mission, elle s'enracine dans l'identité de chaque individu. Dans son brillant ouvrage *Callings*, Gregg Levoy exprime en ces termes le lien entre vocation et identité: «La vocation [...] reflète nos besoins et nos instincts fondamentaux, à savoir le *"je veux"* de notre âme. Aller contre nos appels, c'est aller contre nous-même. C'est ne pas faire confiance à notre intelligence la plus profonde» (1997: 234).

On entend parfois dire: «Ma mission dans la vie, c'est d'être.» La beauté et la candeur de cette affirmation ne la rendent pas plus vraie. La mission découle de l'être, elle ne se confond pas avec lui. L'adage philosophique *«Agere sequitur esse»* (l'agir suit l'être) garde toujours son actualité.

Les chapitres six et sept approfondiront le thème de l'identité. Je me contenterai pour l'instant de souligner que l'évolution constante de la personne l'oblige à se demander «Qui suis-je?» et à mettre à jour périodiquement sa réponse. Il est essentiel, surtout aux moments de transition, de se retirer de ses activités habituelles pour entrer en soi-même et réfléchir sur le rêve de son âme. Ces moments s'imposent encore davantage quand on a l'impression de stagner et de faire du surplace. Le courant d'une rivière semble s'estomper quand la rivière se transforme en lac, mais il est toujours actif. Le travail de la mission se poursuit, même si on doit parfois arrêter sa recherche pour mieux méditer sur son être profond.

Chaque individu possède une identité unique, immuable et spécifique; il en est de même pour sa mission dans le monde. Victor Frankl l'affirme clairement: «Chacun possède une vocation ou une mission spécifique dans la vie [...] de telle sorte qu'il est unique et irremplaçable, car sa vie ne peut jamais être reproduite. La tâche de toute personne est unique, dans le sens qu'elle seule peut réaliser cette chance unique.»

Les particularités de la mission personnelle

On n'échappe pas à sa mission

Suivre sa mission est incontournable. Même si la rivière s'élargit, se rétrécit, fait des détours, se perd dans des méandres, menace de disparaître au travers des marais ou gambade sur des rochers, elle reste toujours la même rivière. Ainsi en est-il de la mission. On peut la fuir, se méprendre sur sa nature, croire l'avoir trouvée parce qu'on est devenu populaire, la faire se disperser dans de multiples activités. Quel que soit le succédané inventé pour s'y dérober et les prétextes évoqués pour en retarder l'accomplissement, on restera hanté par sa mission comme par un fantôme, tant et aussi longtemps qu'on ne lui aura pas obéi.

La mission a quelque chose de permanent. Elle n'est pas essentiellement transformable au cours de la vie, bien qu'elle puisse se préciser, se concrétiser, s'étendre, profiter à un plus grand nombre de personnes. Ainsi, Yehudi Menuhin, violoniste de réputation mondiale, peut affirmer: «Quand je jette un regard sur mes soixante ans de vie, je suis surtout frappé par leur élan dynamique. Tout ce que je suis, pense ou fais, tout ce qui m'est arrivé semble s'être imposé depuis ma naissance avec la simple évidence d'une preuve géométrique. Il est étrange, voire quelque peu bouleversant, de s'apercevoir en train d'accomplir ce qui semble être un destin» (1975).

En d'autres mots, quand une personne reste en contact avec sa mission, celle-ci devient un phare dans sa vie: elle se fait sagesse de l'âme, lui permettant de prendre de bonnes décisions, de choisir ses vrais amis et de s'engager dans des activités épanouissantes.

À chacun de découvrir sa mission

Notre tâche consiste non pas à créer notre mission, mais à la laisser se développer une place en nous. Victor Frankl affirme en effet que, loin d'inventer notre mission dans la vie, nous ne faisons que la découvrir. Il la décrit comme étant «un moniteur ou un sens intérieur, une conscience qui nous fournit une connaissance de notre propre unicité». Elle éclôt comme une fleur, elle émerge de l'intérieur de soi (ou mieux *du* Soi, comme nous le verrons un peu plus loin). Elle se laisse discerner peu à peu. Elle est rarement explosion mais se développe lentement, parallèlement à la croissance de l'être.

Carl Jung se disait incapable d'échapper à sa mission. Il se sentait aux prises avec un *démon* (*daïmon* chez les Grecs ou *génie* chez les Latins) qui le poussait à agir: «Il y avait chez moi un démon *(daïmon)* dont la présence s'avérait incontournable. Il me subjugua, et si parfois je me montrais rude, c'est que j'étais sous sa maîtrise. Même lorsque le but de mon travail était atteint, je ne pouvais m'arrêter là. Car je devais me dépêcher et me remettre en harmonie avec la vision» (Jung, 1965: 365).

On reste seul à découvrir sa mission

Personne ne peut nous révéler notre mission. Nous seuls sommes capables de la découvrir. Comme nous aimerions qu'on nous rassure sur notre vocation! Nous nous surprenons à espérer que quelque sage nous dicte exactement ce que nous devrions faire dans la vie. Il serait si facile, pensons-nous, que nos parents nous tracent la voie à suivre, que l'accompagnateur spirituel nous révèle la volonté de Dieu sur nous, que le psychologue, grâce à la magie de ses tests psychologiques, nous indique l'orientation à prendre, qu'une inspiration soudaine vienne abolir toutes nos hésitations. Hélas! la mission ne se laisse pas découvrir de cette façon. Elle est le fruit d'un labeur fait de réflexion, de solitude et aussi de crainte de se tromper. Mère Teresa ne s'est pas laissé décourager pour suivre sa mission de secours auprès des moribonds de Calcutta. Pendant sept ans, son directeur spirituel lui a déconseillé de quitter sa communauté. Elle a persévéré et a suivi sa voie. Heureux celui qui aura rencontré sur sa route une personne sage capable de le soutenir dans sa recherche et de confirmer ses intuitions au sujet de sa mission.

Qui est l'auteur de la mission?

«Nous commençons à prendre conscience que notre profonde nature, notre centre ou le Dieu intime, est la *source* de nos appels», écrit Gregg Levoy dans *Callings* (1997: 324). Il rejoint la pensée de Carl Jung qui définissait le Soi, au cœur de notre personnalité, comme le reflet de Dieu en nous *(Imago Dei)*. Pour Jung, le Soi est le principe organisateur de toute la personnalité; il est intemporel, à la fois jeune et vieux; il réunit tous les traits du masculin et du féminin; il préside à la guérison de notre être; enfin, c'est lui qui possède l'intelligence de notre mission.

Dans son ouvrage *The Sense of a Vocation*, Larry Cochran remarque que, pour décrire leur vocation, les sujets de sa recherche, même dans un contexte profane, employaient des termes à connotation religieuse: dévotion, sacré, pureté, sainteté, engagement total du cœur, etc. Le même auteur compare les expériences de la découverte de la mission à des expériences-sommets *(peak experiences)* psychospirituelles (1990: 2).

Si Dieu est ce tyran ou ce dictateur qui impose sa volonté, comme on l'a souvent présenté, nous ne saurions guère réaliser notre mission en toute liberté. Mais si, au contraire, la volonté de Dieu s'exprime à travers nos talents humains, nos aptitudes, nos désirs profonds et nos élans de liberté, nous jouirons d'une mystérieuse collaboration avec la volonté divine pour réaliser notre mission. À ce sujet, Simone Pacot écrit dans *L'évangélisation des profondeurs*: «Faire la volonté de Dieu est la réponse personnelle de chaque individu au dessein de Dieu. Chaque être humain étant unique va manifester, incarner le dessein de Dieu, selon ce qu'il est, d'une façon toute spécifique» (1997: 143).

La mission attire et effraie en même temps

Inutile de s'interroger longtemps sur la nature de ce qu'on éprouve quand on se sent envahi par une inclination persistante, un intérêt récurrent, une fascination tenace pour un genre de vie ou pour une activité particulière. Une telle attraction révèle sans aucun doute l'existence d'une mission et de son profil. Ce qui étonne, c'est que l'attrait ressenti s'accompagne souvent d'une grande appréhension. Prendre conscience qu'on a une mission à accomplir fascine et effraie à la fois.

Une femme de cinquante-cinq ans qui souhaitait entreprendre des études en counseling pastoral me demandait s'il était normal, à son âge, de caresser une telle ambition. Depuis qu'elle s'était mise à poursuivre ce projet, elle se sentait osciller entre l'enthousiasme et la peur. Je lui ai fait remarquer que son sentiment d'ambivalence, mélange d'enthousiasme et d'anxiété, confirmait l'authenticité de son projet. Ce sentiment mettait en évidence le caractère sacré de son intention. L'anthropologue Rudolph Otto définit en effet le sacré en termes d'alternance de fascination et de terreur (*fascinosum* et *tremendum*).

La mission demande un engagement total

À des jeunes adultes qui lui demandaient quelle orientation ils devaient prendre dans la vie, Joseph Campbell répondit: «*Follow your bliss*» (Suivez votre passion ou la ligne de votre bonheur). Ce conseil lapidaire trace tout un programme de vie. À première vue, il pourrait laisser entendre, à tort, que la vie se déroulerait par la suite dans un état de pure félicité. Ce n'est toutefois pas l'avis de Campbell qui insiste sur la nécessité d'avoir *le courage* de poursuivre jusqu'au bout sa ligne de bonheur. La recherche de sa mission exige en effet un engagement sérieux inséparable des détachements qu'on appelait autrefois sacrifices. Ces détachements n'ont rien du masochisme; ils font renoncer à des biens pour leur préférer un bien supérieur, tel que l'épanouissement de soi ou la réalisation de sa mission.

J'en ai moi-même fait l'expérience: l'accomplissement de sa mission exige un engagement total. Lorsque j'ai exprimé le désir de poursuivre des études en psychologie à l'âge de 42 ans, on a voulu éprouver le sérieux de ma décision et de mon engagement. L'appel ressenti en moi devenait de plus en plus évident et pressant; je passais le plus clair de mes loisirs à lire dans le domaine, à participer à des sessions de formation en thérapie et à recevoir des gens en psychothérapie.

J'ai d'abord rencontré l'opposition de mes supérieurs qui ne croyaient pas à mon projet de perfectionnement. J'ai ensuite pris le risque de faire de grosses dépenses pour me rendre à San Francisco pour y subir une entrevue d'une demi-heure, sans savoir si je serais accepté à l'université. Une fois admis, je souhaitais résider, à San Francisco, dans une maison de ma communauté religieuse ou dans un presbytère, comme mes supérieurs l'avaient exigé. Mais partout, on m'a dit sans équivoque qu'il n'y avait pas de place pour moi. J'ai donc pris pension sur le campus avec des étudiants très méfiants à l'égard des adultes qui les côtoyaient. Dès les premiers jours, je me suis aperçu que ma connaissance de l'anglais était nettement insuffisante. À cela s'ajoutait la difficulté de me trouver un lieu de pratique professionnelle. Pendant un semestre, j'ai dû parcourir plus de deux cents kilomètres, deux fois par semaine, pour me rendre au lieu que j'avais fini par trouver. Je passe sous silence bien d'autres déboires que j'ai dû essuyer pour réaliser mon rêve.

Plus d'une fois, le doute s'est emparé de moi: «Ai-je entrepris un projet qui me dépasse?» Grâce à mes promenades le long de l'océan, j'ai réussi à tenir bon durant le premier semestre. Au second semestre, à mon grand étonnement, toutes les portes se sont ouvertes: mon anglais s'était amélioré; je disposais d'un lieu de pratique professionnelle à quelques pas de l'université; je m'étais fait des compagnons charmants; j'étais invité dans des familles accueillantes; je profitais énormément de mes cours. En cours de route, même mes supérieurs se sont réconciliés avec mon projet d'études. J'ai alors compris que, quand on y croit, le possible réside souvent au-delà de l'impossible.

La mission est tournée vers les autres

Plus on apprend à s'aimer, plus on apprend à aimer les autres. Ce paradoxe m'étonne toujours. L'accomplissement de sa vocation a aussi quelque chose de paradoxal. Qui trouve sa propre mission et l'exploite à fond rendra nécessairement des services à la communauté. La mise en œuvre de ses talents ne se faisant pas en vase clos, elle ne peut que profiter à autrui. L'esprit de créativité qui accompagne la réalisation de la mission a un effet d'entraînement sur l'entourage. «Quand une fleur s'ouvre, elle attire les abeilles», écrit le poète Kabir. Il n'y a rien de plus dynamisant que la vue d'une personne en train d'actualiser ses ressources.

William James rappelle lui aussi l'influence sociale de notre état intérieur sur le monde extérieur: «La grande révolution de notre génération est d'avoir découvert que l'être humain, en changeant les attitudes intérieures de son esprit, peut transformer les aspects extérieurs de sa vie.» Ainsi, la découverte de sa mission et l'application qu'on mettra à la réaliser produiront nécessairement un rayonnement mystérieux et imprévisible sur toute sa vie et, par la suite, sur tout son entourage.

2

L'importance de découvrir sa mission

Le petit garçon regarda l'étoile
et se mit à pleurer.
L'étoile lui dit: «Pourquoi pleures-tu?»
Le garçon lui répondit: «Tu es trop loin,
je ne pourrai jamais te toucher!»
Et l'étoile lui répliqua:
«Petit, si je n'étais pas déjà dans ton cœur,
tu ne serais pas capable de me voir!»

John Magliola

Chaque fois qu'on interroge quelqu'un sur sa mission, on entre dans une réalité mystérieuse dont la raison ne peut rendre compte adéquatement. En effet, comment savoir ce qui s'est passé au juste chez ceux qui ont accompli leur mission et chez d'autres qui, au contraire, l'ont rejetée? Nous traiterons d'abord des personnes qui ont dit «oui» à l'appel de leur âme, des modalités et des consé-quences de leur acceptation. Le chapitre suivant sera consacré à ceux qui n'ont pas pu ou n'ont pas voulu suivre leur mission.

Le temps propice à la découverte de sa mission: l'adolescence et le mitan de la vie

Pour bien des gens, la mission semble se révéler très tôt, dès l'enfance ou l'adolescence. J'ai rencontré des prêtres et des religieux qui, dès l'âge de sept ou huit ans, étaient sûrs de leur vocation. J'ai aussi connu des éducateurs dont les jeux enfantins préfiguraient leur avenir de professeur ou de formateur. Ceux qui ont un talent particulier doublé d'une passion sont avertis de leur mission comme d'une destinée à suivre. Pensons à un Mozart et à tous ces jeunes musiciens que le talent musical prédestine à leur art dès le bas âge.

Il existe dans la vie deux périodes précises où le besoin de remplir sa mission se fait plus impératif et même obsédant: l'adolescence et le mitan de la vie.

Les intuitions de l'adolescence

L'adolescence s'avère une période féconde en intuitions sur son projet de vie. À ce propos, Robert Johnson, dans son ouvrage *He, Understanding Masculine Psychology*, raconte le mythe du Roi pêcheur pour illustrer l'événement décisif vécu à l'adolescence. Perdu dans la forêt, affamé, le Roi aperçut un saumon en train de cuire sur de la braise. En voulant le prendre, il se brûla les doigts qu'il porta instinctivement à la bouche; ce faisant, il goûta une parcelle du poisson. Il fut transformé par cette aventure à un point tel qu'il ne fut plus jamais le même. Johnson y voit le drame de l'adolescent qui «goûte» prématurément à l'essence de son être, le saumon représentant ici le Soi. Cette révélation bouleversante de son identité s'avère une expérience qu'en raison de son jeune âge l'adolescent est incapable d'assumer.

Johnson applique à la plupart des adolescents le phénomène de cette brûlure symbolique; ils demeurent tous hantés par la révélation de leur nature profonde et des possibilités de leur mission. N'est-ce pas le sort de plusieurs jeunes qui, durant de fugitifs moments, ont perçu leur essence spirituelle et leur avenir? Au cours d'une rencontre à laquelle j'assistais, un groupe de jeunes discutaient des prémonitions de leur vocation. Plusieurs ont reconnu avoir eu des expériences-sommets *(peak experiences)* leur laissant percevoir leur avenir.

Malheureusement, la plupart des gens oublient ou négligent ces intuitions, ces *flashes* mystiques de leur avenir perçus à l'adolescence. Parvenus à l'âge adulte, ils se laissent gagner par le souci de répondre aux exigences de la vie en société: par exemple, étudier des matières obligatoires qui les intéressent peu, entrer en compétition, gagner leur vie et celle de leur famille, remplir une fonction sociale, amasser de l'argent, ambitionner des postes de prestige. Ils se laissent accaparer par d'autres occupations tout à fait étrangères à l'inclination profonde de leur âme.

Par ailleurs, je suis d'accord avec Jean Cocteau quand il affirme: «Plus je vieillis, plus je vois que ce qui ne vieillit pas, ce sont les rêves.» Je compléterais en précisant que nos rêves «de jeunesse» ne vieillissent pas.

La crise du mitan de la vie

Le mitan de la vie constitue un autre moment privilégié pour la prise de conscience de sa mission. Pour décrire la situation des gens qui sont parvenus à cette étape de leur existence, l'anthropologue et mythologue Joseph Campbell utilise la comparaison suivante: «Pendant les trente-cinq ou quarante premières années de notre vie, nous nous sommes efforcés d'escalader une longue échelle en vue d'atteindre enfin le sommet d'un édifice; une fois parvenus sur le toit, nous nous apercevons que nous nous sommes trompés d'édifice.»

Au mitan de la vie, on passe à l'autre versant de son existence; on a alors tendance à faire le bilan de ce que l'on a accompli. On se croit quelqu'un parce qu'on a fait sa place dans la société. On se rappelle ses réalisations, ses affections passées, ses joies et ses tristesses, ses réussites et ses échecs, ses espoirs réalisés et ses rêves frustrés. Mais peu nombreux sont ceux qui éprouvent une pleine satisfaction d'eux-mêmes. La plupart des gens constatent l'existence de rêves non réalisés, d'idéaux manqués, d'espoirs escamotés. Le spectre de la mort vient souvent exacerber le sentiment d'avoir raté leur idéal de vie. Pris de panique, plusieurs tenteront de se refaire une nouvelle jeunesse et de tout recommencer. Ainsi, certains changeront de carrière ou briseront leur mariage, choisissant de vivre avec un conjoint ou une conjointe plus jeune; d'autres adopteront un nouveau style de vie. La hantise de ne pas avoir rempli leur mission en poussera plusieurs à vouloir effectuer de nombreux changements dans leur vie. Mais ils se méprennent souvent sur ce qu'il faut changer. Ils se contentent de modifier des choses qui leur sont extérieures au lieu de se poser les questions fondamentales: «Qui suis-je?», «Quel est le rêve ma vie?» et «Qu'est-ce que je veux faire du temps qu'il me reste à vivre?»

Au lieu de succomber à la tentation de répéter les exploits de leur jeunesse, les adultes au mitan de leur existence devraient commencer par plonger à l'intérieur d'eux-mêmes. En effet, le défi des gens de cet âge est d'explorer en profondeur le monde en friche de leur ombre, cet univers de possibilités qu'ils ont refoulé dans l'inconscient par crainte d'être rejetés.

À la suite de sessions de thérapie, un homme d'âge moyen en est venu à la conclusion que, pour s'épanouir, il devait se prendre une maîtresse. Sa psychothérapeute, sans voir très clair dans ses aspirations, se doutait qu'il faisait fausse route; elle est venue me consulter. À mon avis, nous nous trouvions devant le cas classique d'une personne qui cherche à combler son vide intérieur en recourant à un moyen extérieur. Cet homme devait apprendre à développer ses qualités féminines, qu'il avait jusque-là ignorées. En réintégrant son ombre féminine, il allait pouvoir mieux être en contact avec son émotivité et sa sensibilité et, par le fait même, découvrir ce qu'il voulait de la vie. Le sixième chapitre de ce livre traitera plus à fond de l'ombre et de sa réintégration.

Il n'y a pas d'âge pour connaître sa mission

Certains se demandent parfois s'il y a un âge limite pour remplir sa mission. Sûrement pas! On a trouvé dans des pyramides des graines dont l'existence remontait à quelques milliers d'années et qu'on a pourtant réussi à faire germer. De même, il n'est jamais trop tard pour entreprendre de réaliser sa mission. L'abondance des ressources et des temps de loisir offerts par la civilisation actuelle permet un éventail de choix presque illimité. Des milliers de personnes à leur retraite, qui jouissent encore d'une excellente santé, peuvent aujourd'hui en profiter. Pour elles, voilà l'occasion unique de rattraper le temps perdu dans la réalisation de leur mission. Sauront-elles en bénéficier et s'épanouir, ou chercheront-elles simplement à se divertir pour échapper à la déprime et à la perspective de la mort?

La mission, source de croissance personnelle

La mission donne un sens à la vie

Qui s'acquitte de sa mission est assuré de trouver un sens à sa vie. Il découvrira les aspirations de son âme et, par le fait même, sa raison d'exister. Il aura le sentiment d'être lui-même, d'expérimenter l'unité profonde de son être et de mener une vie authentique. Enfin, il aura la satisfaction d'exercer une influence bienfaisante sur son entourage.

Une existence marquée par un tel sentiment de plénitude contraste avec la sensation de vide existentiel qui affecte plusieurs de nos contemporains. Viktor Frankl nomme ce malaise de l'âme «vacuité existentielle» ou «frustration existentielle». Il s'agit du mal d'être de ceux qui n'ont pas trouvé ou donné un sens à leur vie. Ils réagissent à ce vide intérieur de façons diverses: les uns déclarent la vie absurde et envisagent le suicide comme moyen d'échapper à leur détresse; les autres s'acharnent à combler le vide de leur existence par différents succédanés: alcoolisme, drogue, jeux de hasard, activités érotiques ou divertissement fébrile. D'autres, enfin, fuient dans l'activisme, tentant d'échapper aux transes du silence et de la solitude. Selon Simone Weil, tous se comportent en suicidaires: «Une existence qui se donne comme objet d'échapper à la vie constitue en fin de compte une recherche de la mort.»

L'effet psychologique le plus manifeste de ce vide existentiel est un ennui tenace, une sorte de fièvre de l'âme qui se traduit par un potentiel psychologique et spirituel non actualisé. Cet ennui n'atteint pas seulement le côté émotif de l'être, mais toute la personne. Même les cellules du corps s'ennuient et subissent les contrecoups de la léthargie de l'âme. Des statistiques indiquent qu'un grand nombre d'accidents cardiaques surviennent le lundi matin, au retour au travail. Le ras-le-bol de certains employés, qui portent leur travail comme un boulet, pourrait expliquer ce phénomène.

En revanche, la personne qui aura découvert sa mission y trouvera des raisons de vivre et d'être heureuse, quels que soient les obstacles, les difficultés ou les souffrances qu'elle rencontrera. À ce propos, Viktor Frankl aimait à citer la déclaration de Nietzsche: «Ceux qui ont un pourquoi peuvent endurer n'importe quel comment.» Frankl a pu lui-même vérifier l'exactitude de cette affirmation: pour survivre aux atrocités des camps de concentration, il avait su, à chaque instant, se donner une raison de vivre.

La poursuite de sa mission, une sagesse de l'âme

La découverte de sa vocation produit un effet polarisant sur l'ensemble de la vie d'une personne. La mission devient pour elle une sagesse de l'âme. Elle lui apprend à rejeter ce qui pourrait la distraire de son projet de vie et à exploiter ses énergies et ses ressources pour le réaliser. En particulier, elle élimine les distractions, les tentations de l'immédiat, les divertissements inutiles, la dispersion, les détracteurs et les faux prophètes, en somme tout ce qui pourrait entraver son épanouissement.

On reconnaît facilement les gens qui ne vivent pas de leur mission: ils sont des touche-à-tout; ils ne font pas le partage entre l'essentiel et l'accessoire; ils se dispersent dans un activisme effréné. À l'instar de la mouche de la fable de La Fontaine, ils se croient seuls à être efficaces et blâment les autres pour leur inaction. De plus, ils deviennent des proies faciles des sollicitations de l'entourage. Ces gens-là finissent par être victimes d'un *burn-out*, faute d'avoir appris assez tôt à écouter et à suivre leurs aspirations profondes. Ceux qui ne se fient pas à l'orientation de leur mission peuvent s'attendre à un désastre. (L'étymologie de ce mot est révélatrice: *désastre* désigne le fait de dévier de sa bonne étoile et de se perdre.)

La réalisation de sa mission, un antidote à la mésestime de soi

L'estime de soi, une réalité psychologique en vogue, se présente sous deux modes différents, à savoir l'estime de soi pour son être et la confiance pour son agir. Cette simple distinction permettrait d'éviter la guerre que se livrent les tenants de l'estime de soi. Pour certains, l'estime de soi consiste à se sentir bien dans sa peau *(feeling good)*; pour les autres, il s'agit de l'aptitude à produire et à créer. La première définition se situe dans l'ordre de l'être et la seconde, dans celui de l'agir. La mission telle qu'on l'entend ici relève surtout de l'estime de soi dans l'ordre de l'agir.

Dans son livre *Le Soi*, Delphine Martinot remarque qu'une pauvre estime de soi empêche de prendre des risques calculés. La personne qui en souffre n'ose pas s'exposer à l'échec, au ridicule, à la déception, à la réprimande. Elle préférerait disparaître de la face de la terre. Et pourtant, ce qui pourrait le plus réconforter son moi fragilisé par la peur de l'échec, ce serait de découvrir sa mission et de s'y engager. Le moindre petit succès dans la réalisation de sa mission tonifie l'estime de soi et encourage à prendre d'autres initiatives. Peu à peu, la peur du risque s'estompe pour faire place à la confiance en soi.

La psychologie reconnaît que le facteur primordial de persévérance dans l'accomplissement d'une tâche est la confiance en soi. Celle-ci s'acquiert et se maintient grâce à l'espoir de réussir. Confiance en soi et réalisation de soi dans sa mission se renforcent mutuellement. Leur interaction confère le courage et l'audace nécessaires pour s'engager et persévérer dans sa mission.

Estime de soi et mission sont donc intimement liées et s'influencent l'une l'autre: plus on a confiance en soi, plus on persévère dans la réalisation d'un travail ou d'une carrière, parce qu'on se sent s'accomplir et s'épanouir. Plus on a l'impression d'être engagé dans son projet de vie, plus la confiance en soi augmente et plus on se sent motivé à aller au bout de ses initiatives.

Quand j'enseignais au secondaire, j'étais toujours étonné de voir des cancres sur le plan des études s'épanouir dans des activités parascolaires. Incapables de se concentrer dans les matières scolaires, ils pouvaient passer des heures à collectionner des timbres, à lire des manuels compliqués de mécanique, à apprendre les noms d'athlètes ainsi que leurs exploits sportifs, etc. Par leurs activités, réalisées avec passion, ces étudiants nourrissaient l'estime d'eux-mêmes.

Les «décrocheurs», ces jeunes qui quittent l'école avant la fin du secondaire, sont des êtres découragés faute d'avoir trouvé un but intéressant dans la vie. Il importerait donc de les aider à découvrir leur mission. Cela leur permettrait d'acquérir de la confiance en eux-mêmes et, en conséquence, de la persévérance dans leurs études.

L'engagement sérieux dans sa mission entraîne le concours de l'univers et de ses ressources

Pour Albert Einstein, la question fondamentale à se poser dans la vie est: «L'univers est-il amical ou non?» La narration qui suit illustre bien, à mon avis, que si l'on prend au sérieux sa mission on trouvera l'univers «amical» et l'entourage coopératif.

Frédéric, un des mes amis, avait ressenti une très forte attirance envers les gens éprouvés par un deuil. Allait-il abandonner la carrière de psycho-éducateur qui lui assurait une très bonne situation financière? Devait-il se lancer dans un travail de psychothérapeute auprès de personnes endeuillées et risquer ainsi une baisse de revenus importante? À la seule pensée de changer d'emploi, il était en proie à la panique. Arriverait-il à gagner sa vie et celle de sa famille? Était-ce un rêve farfelu, un caprice passager? Que diraient les autres? Allait-il le regretter le restant de sa vie?

Finalement, après de longues et angoissantes hésitations, après avoir consulté sa famille et quelques amis, Frédéric a fait le saut. Il a quitté définitivement son emploi et, après une formation en thérapie du deuil, il a offert ses services à sa communauté. En dépit d'un départ peu prometteur, il a fini par se bâtir une solide clientèle. Il s'est ensuite mis à donner des conférences sur le sujet. Il a rapidement acquis une réputation internationale comme formateur d'intervenants dans le domaine du deuil. Il a créé de nouvelles techniques de thérapie du deuil qu'il se propose de décrire dans un prochain livre. Le «oui» donné à sa mission l'a propulsé dans une série d'aventures heureuses et de projets emballants. La réalité a dépassé ses rêves les plus beaux. Parce qu'il s'est engagé à fond dans un domaine qui le passionnait, l'univers amical est venu à sa rencontre.

En revanche, bien des gens considèrent l'univers comme une réalité menaçante dont il faut se protéger. Ils doivent s'isoler, ne pas faire confiance, bien se barricader et, surtout, ne pas prendre de risques. Le *cocooning*, ce mode de vie de plus en plus populaire où chacun s'enferme dans son monde douillet et bien protégé, met fin à tous les beaux risques.

L'accomplissement de sa mission enrichit l'univers

Thomas Berry, grand théologien écologiste, définit trois principes qui régissent l'univers: la diversification des êtres, l'intériorisation et la communion. Depuis des millions d'années, l'univers s'est enrichi entre autres de la diversification des espèces de plantes et d'animaux. Pour se *différencier,* les plantes et les animaux n'ont eu qu'à compter sur l'automatisme des lois naturelles et des instincts. Chaque humain est aussi appelé à devenir différent et unique, mais il doit le devenir en vertu de son libre arbitre et de sa créativité. Aussi, chaque fois qu'une personne développe ses talents et son originalité dans l'accomplissement libre de sa mission, elle se fait cocréatrice et collaboratrice de la Création. Elle enrichit le monde de sa contribution unique et irremplaçable. Au dicton «Personne n'est indispensable», il convient de substituer: «Toute personne est indispensable.» Chaque être humain reçoit en effet un appel à accomplir une mission personnelle qu'il est le seul à pouvoir remplir. Si l'univers s'appauvrit par la disparition d'une espèce végétale ou animale, il s'appauvrit tout autant quand un individu ne reconnaît pas sa mission ou refuse de la remplir.

* * *

Voici en quelques mots l'essentiel de ces premières réflexions sur l'importance de poursuivre son projet de vie.

Il existe deux périodes privilégiées où l'on sent plus fortement l'appel de sa mission: l'adolescence et le mitan de la vie.

Il n'y a pas de limite d'âge pour remplir sa mission, car c'est une réalité innée qui attend d'être exploitée.

La poursuite de sa mission donne une raison de vivre et confère un sens à la vie.

La découverte de sa mission augmente l'estime de soi et la confiance en soi.

Son projet de vie a des incidences plus vastes qu'on peut le croire. Par la réalisation de sa mission, on se relie à des «champs d'énergie» de l'univers.

Enfin, en suivant l'appel venu des profondeurs de son être, on entre dans le mouvement de cocréation de l'univers. On participe à une intelligence et à une sagesse universelles appelées Providence.

3

Et ceux qui refusent leur mission...

Mon cœur craint de souffrir,
dit le jeune homme à l'alchimiste,
une nuit qu'il regardait le ciel sans lune.

— Dis-lui que la crainte de la souffrance
est pire que la souffrance elle-même.
Et qu'aucun cœur n'a jamais souffert
alors qu'il était à la poursuite de ses rêves.

Paulo Coelho, *L'Alchimiste.*

Comment expliquer que certains découvrent leur mission et d'autres, jamais? Cela demeure un mystère! Quoi qu'il en soit, nous nous arrêterons ici sur les obstacles rencontrés durant la découverte de sa mission.

Ceux qui n'ont pas suivi leur mission

Ceux qui n'ont pas découvert leur mission appartiennent à cinq catégories. Il y a d'abord ceux qui ne savent pas qu'ils ont une mission ou qui ne croient pas à cette réalité. Viennent ensuite ceux qui cherchent en vain leur mission parce qu'ils ne savent pas comment la trouver. Il y a ceux qui n'ont pas le courage de la suivre et qui s'en tirent avec des compromis. Puis viennent ces autres qui avaient trouvé leur mission, mais l'ont abandonnée par la suite. Enfin, ceux qui ont découvert leur mission et qui refusent carrément d'y obéir.

• Dans la première catégorie, on retrouve les personnes qui ignorent l'existence de leur mission. Leur vie se déroule sans passion; la routine quotidienne «métro, boulot, dodo» semble les satisfaire. Leur mission, même absente, continuera toutefois de les hanter, sous la forme de fantasmes fugaces et lancinants. Ils éprouveront un vague malaise qui se changera parfois en accès d'anxiété et en mal de vivre. Certains se diront: «Ce n'est que ça, la vie!» Ils ont refoulé leur mission bien loin dans leur inconscient, au point qu'elle fait désormais partie de leur ombre.

Dans mes conférences sur le thème de la mission personnelle, je suis toujours étonné de voir le regard des auditeurs s'allumer, leur intérêt s'éveiller et l'enthousiasme s'emparer d'eux. J'ai l'impression de leur révéler un secret intime resté bien caché au fond de leur cœur. Un jeune homme me confiait récemment: «Votre exposé sur le fait que chaque personne porte en lui une mission a changé ma vie. Je tenais à vous le dire.»

• La deuxième catégorie correspond à des gens qui rencontrent des difficultés à découvrir et à poursuivre leur mission. Je fais allusion à ces obstacles tout au long de mon ouvrage, en particulier dans la dernière partie de ce chapitre. À ceux qui aimeraient en savoir davantage sur les résistances possibles, je conseille le livre de Barbara Sher, *I Could Do Anything if I Only Knew What It Was*, qui présente des stratégies pratiques pour les surmonter.

• Plutôt que de vivre leur mission, les gens de la troisième catégorie se satisfont de compromis. Ainsi, celui qui était appelé à devenir artiste se fera critique d'art. Un historien potentiel se contentera d'être journaliste de faits divers. Un autre, hanté par le besoin d'écrire, se lancera dans l'édition. Le célibataire désireux d'avoir des enfants cherchera à éduquer ceux des autres. Certains tenteront de réussir leur mission d'une manière vicariale en choisissant un conjoint qui la réalisera à leur place. C'est le cas de cette femme aux aptitudes artistiques certaines qui épousa un artiste-peintre. Après avoir pris conscience des motifs inconscients de son choix, elle s'est mise à suivre des cours de peinture, au grand désarroi de son époux qui a cru qu'elle ne l'aimait plus.

• Au cours d'ateliers que j'ai tenus sur la découverte de sa mission, j'ai rencontré des personnes qui avaient d'abord trouvé leur mission mais qui, par la suite, l'avaient abandonnée. Ces gens font partie de la quatrième catégorie. En voici quelques exemples. En établissant le profil de sa mission, une jeune femme s'est rendu compte qu'elle avait quitté un travail qui l'avait pourtant comblée de bonheur: pigiste, elle créait des programmes d'étude qu'elle expérimentait avec des enfants dont elle adorait la compagnie. Désormais enfermée dans son bureau, elle exécute les ordres d'un patron. Elle déteste son emploi parce qu'elle n'y exerce plus sa créativité et se retrouve loin des enfants. Un autre participant fut étonné de reconnaître sa mission dans un travail qu'il avait délaissé dix ans auparavant; c'était un poste d'écologiste qui l'amenait à diriger une équipe d'hommes en pleine nature. Insatisfait de son emploi actuel, il se demandait s'il ne devait pas retourner à ses anciennes amours, quitte à subir une baisse de salaire.

• L'histoire nous présente des héros bien connus que nous pourrions classer dans la cinquième catégorie, celle des gens qui ont refusé de répondre à leur mission. Jonas, un personnage biblique, représente le type même du prophète récalcitrant qui a essayé de se dérober à son appel. Dieu lui demandait d'aller prêcher aux habitants de Ninive pour les convertir. Jonas croyait pouvoir fuir dans un bateau navigant vers Tarsis, à l'opposé du lieu de sa mission. Mais voici qu'une tempête s'élève en mer. L'équipage, pour se gagner la faveur des dieux et calmer les flots, jette Jonas à la mer, avec son consentement. Un gros poisson l'avale, le garde prisonnier dans son ventre pour finalement le régurgiter... sur les rives du Tigre, à Ninive. Bien malgré lui, Jonas se retrouve au lieu même où Dieu lui avait enjoint d'aller. La morale de cette histoire: on n'échappe pas à sa mission; soit qu'on l'accomplisse volontairement, soit qu'on y soit conduit de force.

Un proverbe latin décrit le caractère impératif de la mission comme celui d'un destin: «Le destin conduit ceux qui l'acceptent. Ceux qui le récusent, il les mène de force.» En revanche, l'option de ne pas obéir à notre mission est la preuve de notre liberté personnelle. Notre vocation n'est pas un destin implacable, comme l'ont prétendu les tragédies grecques. Nous pouvons toujours nous rebeller contre notre mission. Mais, le cas échéant, nous devrons en payer le prix.

Ce que Dieu murmure à la rose
pour la faire s'épanouir dans toute sa beauté,
mille fois, il me le crie au cœur.

Rumi

Les obstacles réels, les fausses croyances et les résistances à la réalisation de sa mission

Nous distinguons trois types d'obstacles dans la poursuite de sa mission: les difficultés réelles, les fausses croyances et les résistances psychologiques.

Les difficultés réelles

Tous les obstacles ne sont pas de nature imaginaire, et le fait de ne pas les surmonter ne dénote pas nécessairement un manque de courage. Il en existe de bien réels qui entravent, au moins momentanément, la poursuite de sa mission: la pauvreté, la maladie, les responsabilités familiales, le manque de ressources, l'isolement, le manque de formation adéquate, etc.

Ces limites sont réelles. Toutefois, il ne faudrait pas sous-estimer la créativité, la ténacité et l'ingéniosité des personnes décidées à accomplir coûte que coûte le rêve de leur âme. Le cas de Gilberte en est un bon exemple. Abandonnée par un mari alcoolique, malgré sa condition de grande pauvreté, elle arrivera à subsister avec ses deux enfants. Quand j'ai appris qu'elle s'inscrivait au programme de maîtrise en counseling, j'avoue que je ne voyais pas comment elle parviendrait à réussir cette entreprise. Je m'étais trompé. Grâce à sa débrouillardise, à son acharnement, à son travail à la pige et à quelques bourses d'études, elle a réussi, après cinq ans, à obtenir le grade universitaire convoité. Elle a ouvert un cabinet de consultation. Notons que sa propre expérience de la pauvreté l'a rendue très sensible à ses clients qui connaissent le même dénuement.

Les fausses croyances

Le second type d'entraves à la mission provient de convictions considérées comme des vérités irréfutables, mais qui ne le sont

pas. Ces opinions erronées naissent d'expériences souvent malheureuses et répétées. Je me permets d'en décrire ici quelques-unes
et d'en dénoncer la fausseté.

Mon travail, ma fonction ou ma carrière, voilà ma mission!

Heureux celui qui a trouvé sa mission dans l'accomplissement
d'un travail. Mais il ne faudrait surtout pas confondre ces deux
réalités. Un travail, une fonction ou même une carrière n'ont pas
toujours les caractéristiques de la mission, en particulier son
caractère englobant, permanent et envoûtant; ils sont sujets au
changement. On peut en effet perdre un travail ou encore
l'abandonner pour un autre sans que l'insistance de la mission
personnelle ne soit modifiée. Si l'on comparait la réalisation de la
mission à l'exécution d'une pièce musicale, la mission s'identifierait
à la mélodie, tandis que le travail, la fonction ou la carrière seraient
assimilés aux instruments. Malgré la diversité des instruments
utilisés, la mélodie serait toujours la même.

Ceux qui n'ont pas le bonheur d'avoir un travail qui coïncide
avec leur mission y trouvent difficilement une raison de vivre, tout
au plus une raison de survivre. Un certain nombre d'entre eux se
choisiront un violon d'Ingres correspondant davantage à leur appel.
Par exemple, un de mes amis médecin a trouvé dans la fabrication
et la conservation de vieux meubles une façon d'exprimer une vieille
passion personnelle.

*Je peux accomplir ma mission en imitant celle de
grands personnages*

Si l'on peut imiter le courage ou la détermination d'une
personne dans la découverte et la poursuite de sa mission, il est
cependant impossible d'imiter comme telle la mission d'un autre.
Une citation tirée de la *Bhagavad Gitae*, texte sacré de la
philosophie hindoue, le souligne: «Il est préférable de connaître la

mission de sa vie *(dharma)* même imparfaitement que de tenter d'assumer la mission de vie d'une autre personne, quel que soit le succès qu'on y trouve.»

Voici un exemple de ce genre de méprise. Lors de la canonisation d'Eugène de Mazenod, fondateur de la congrégation religieuse à laquelle j'appartiens, des confrères Oblats ont mis en relief son charisme. Or, certains d'entre eux ont présenté le charisme du fondateur comme un exemple à suivre. À mon avis, c'est là une erreur. Car, en plus d'être incapable d'imiter un personnage aussi éminent, on ne saurait prétendre exercer le charisme d'un autre sans se faire d'illusions. Le danger serait de créer une double personnalité. Le courage et la persévérance d'un Mgr de Mazenod à être fidèle à sa vocation sont sans doute une grande source d'inspiration, mais personne ne peut ambitionner de vivre exactement le charisme du fondateur. Chacun des Oblats aura à découvrir pour lui-même son propre charisme.

À mesure qu'on remplit sa mission, on se sent de plus en plus autonome, créateur et en charge de sa vie. Laurie Beth Jones se plaît à dire: «Si vous n'avez pas votre propre mission, c'est que vous vivez celle des autres.»

Si je fais la volonté d'un supérieur, je ne peux pas me tromper sur ma mission

L'obéissance à un supérieur ou à un patron s'avère être parfois un piège subtil qui détourne de sa mission. Rares en effet sont les autorités dont l'intérêt est de favoriser en premier lieu l'épanouissement de leurs subordonnés ou de leurs employés dans la réalisation de leur projet de vie. Au contraire, elles sont davantage préoccupées de faire fonctionner l'institution ou la compagnie dont elles portent la responsabilité. Les employés, victimes des courtes vues de leur patron, travaillent souvent pour des motifs étrangers à celui de remplir leur mission, comme un bon salaire, des avantages sociaux ou une promotion; ils n'ont pas l'impression de réaliser pleinement leur potentiel. Voilà actuellement, dans le monde du travail, la principale cause de tensions, d'absentéisme, de sabotage et parfois même de revendications exagérées. C'est la conclusion à laquelle arrive Estelle Morin dans son article «L'efficacité organisationnelle et le sens du travail», publié dans l'ouvrage collectif *La quête du sens* (Pauchant, 1996).

Bien sûr, le besoin d'accomplir sa mission se fera moins pressant pour une jeune personne que pour un adulte. Généralement, le jeune devra en retarder la réalisation pour s'acquitter de tâches plus immédiates, comme subvenir à ses besoins et se tailler une place dans la vie. Il devra s'accommoder des possibilités de travail qui lui sont offertes et s'adapter aux circonstances. Mais pour la personne arrivée au mitan de sa vie, le besoin de réaliser la mission pour laquelle elle est née se fera plus impérieux.

Comme psychologue, j'ai rencontré des personnes déprimées pour avoir poursuivi un idéal dicté par une institution, mais étranger à leurs aspirations personnelles. À ce propos, dans *Tous les chemins mènent à soi*, Laurie Beth Jones alerte ses lecteurs: «Prenez garde d'endosser une mission qui convient aux besoins de quelqu'un d'autre, mais qui ne se rapporte aucunement *à vos propres intérêts ou à vos aptitudes*» (1996: 31). Il n'est pas donc étonnant que de nombreux travailleurs aient un seul but dans la vie: arriver à l'âge de la retraite où ils seront enfin libres des exigences d'un emploi qui ne correspondait pas à leur mission.

Les autorités de certaines institutions sont convaincues que, si les sujets s'appliquent à remplir la mission de l'institution, ils n'auront plus besoin de s'interroger sur la leur. Voici une illustration éloquente de ce phénomène: des religieux devaient chaque année suivre une retraite, dans le but de retrouver un nouvel élan spirituel et apostolique. Année après année, un nouveau conférencier était invité à leur présenter la mission générale de l'Église. Chose curieuse, malgré la compétence de ces conférenciers, les retraitants n'appréciaient guère leurs propos. Mais voilà qu'un jour un nouvel animateur-conférencier a suscité l'enthousiasme parmi ses auditeurs. Il les a d'abord invités à s'interroger sur leur mission personnelle. Une fois celle-ci identifiée, il les a encouragés à la situer dans un créneau spécifique de la mission de l'Église.

Cet animateur avait compris, d'une part, qu'il est nécessaire de respecter en premier lieu l'appel de chaque individu et que, d'autre part, il y a de la place dans la mission apostolique de l'Église pour les charismes personnels.

Je peux découvrir la mission de ma vie par des études philosophiques ou théologiques

La recherche et la découverte de sa mission dépassent l'analyse purement intellectuelle. Certains croient que l'étude des grands systèmes philosophiques et théologiques pourrait aider une personne à identifier ses aspirations profondes. Certes, une telle étude peut être utile pour l'aider à trouver *le sens de la vie*, mais non *le sens de sa propre vie*. En effet, il existe une grande différence entre philosopher sur le sens de la vie et trouver le sens de *sa* vie, qui s'incarne dans une mission personnelle. Aucune étude philosophique ne remplacera le «connais-toi toi-même» et, par conséquent, la réflexion sur son identité et sur sa mission.

Une grande notoriété sera le signe que j'ai atteint ma mission

La notoriété comme telle n'a rien à voir avec la vraie nature de sa mission. Assurément, une reconnaissance sociale de sa mission par un groupe est nécessaire. Mais la popularité et les honneurs sont des éléments accidentels par rapport à la mission personnelle. Ses critères d'authenticité sont intérieurs: l'enthousiasme, la créativité et la satisfaction d'apporter une contribution unique au monde.

Je connais des vedettes malheureuses, insatisfaites d'elles-mêmes, et aussi des ouvriers pleinement épanouis. Il me vient à l'esprit l'exemple d'un jardinier amoureux de ses plantes et de ses fleurs, fier de la propreté et de la beauté de ses plates-bandes, toujours accueillant envers les badauds venus le regarder travailler. À observer l'ardeur qu'il déploie à la tâche, l'attention qu'il y apporte et sa bonne humeur continuelle, on reconnaît un homme heureux parce que comblé par sa mission.

Quoi que je fasse dans la vie, je suis le jouet du hasard ou d'un destin aveugle

Quelqu'un a déjà défini le hasard comme le nom que Dieu porte quand il veut passer incognito. Sans vouloir m'attarder sur le mystère de la fatalité ou de la prédestination, je tiens à affirmer ma conviction que, malgré les aléas de la vie, nous avons la liberté de choisir notre mission. Nous ne sommes pas des pantins du destin. Au contraire, chacun jouit de la pleine liberté d'adopter la voie qui s'accorde avec son moi authentique. Les animaux se réalisent en vertu de leurs instincts programmés; l'être humain, lui, se réalise grâce à sa liberté. Il devra aussi déchiffrer le code secret de son âme, cet «ADN spirituel» — expression chère à James Hillman dans *The Soul's Code* — et y collaborer.

Suivre sa mission est quelque chose de pénible

La poursuite de sa mission, surtout dans les débuts, est souvent source d'anxiété. On se retrouve en effet face à l'inconnu. On ignore toujours ce que réserve un choix de vie: on craint de se tromper; on anticipe un échec; on pressent la possibilité de rejet par les proches; on peut même parfois se surprendre à redouter un succès qui exigerait trop de soi. En revanche, une fois bien engagé dans sa mission, on voit ces peurs s'estomper progressivement pour faire place à la satisfaction et à un sentiment d'harmonie intérieure. On a alors l'impression de rentrer chez soi après un long exil.

Les peurs du début, liées au choix d'une nouvelle orientation de vie, se transforment souvent en élans d'enthousiasme. Dans le cas cependant où les craintes, l'ennui et la souffrance persisteraient, ce serait le signe qu'on a fait fausse route. Si donc, à la suite d'une tentative légitime, on ne ressentait pas de joie profonde à répondre à un appel, il faudrait orienter sa vie autrement. La découverte et l'accomplissement de sa mission ne sauraient produire que joie, bonheur, créativité et un désir de vivre toujours plus pleinement.

La recherche de sa mission favorise l'égoïsme

Il faut le reconnaître, le désir de se réaliser dans une mission va de pair avec l'amour de soi. Un étrange paradoxe veut que l'amour des autres soit conditionné par l'amour de soi. N'est-ce pas ce que souligne le précepte évangélique «Tu aimeras ton prochain comme toi-même»? Saint Thomas s'en autorise pour affirmer la primauté de l'amour de soi sur l'amour de l'autre: «L'amour de soi étant le modèle de l'amour des autres a le pas sur ce dernier» (11a, q. 26, art. 4). La recherche de sa mission personnelle s'inspire de cette même logique et a un côté altruiste, aussi paradoxal que cela puisse paraître.

La personne qui poursuit sa mission en constatera tôt ou tard l'effet bénéfique sur son entourage, sur la société. Même si ses motifs de départ étaient entachés d'égoïsme, ils se purifieront peu à peu, au moment surtout où elle sera parvenue à maturité. Ainsi un industriel, d'abord préoccupé du besoin de s'enrichir, est devenu mécène d'un groupe d'artistes; un inventeur, animé au début par l'esprit de compétition, a fait des découvertes technologiques importantes pour le bien de l'humanité; un prêtre d'Amérique latine, consacré évêque à cause surtout de son appartenance à l'aristocratie de son pays, en a surpris plusieurs en se portant à la défense des pauvres.

Par ailleurs, la tentation de l'égoïsme est constante. Comblé de succès rapides, un individu peut risquer de se croire supérieur aux autres, de tomber dans le culte du moi et l'inflation psychologique. En effet, quiconque s'approche de son Soi ressentira de l'enthousiasme (mot grec qui signifie «habité d'un dieu») et sera susceptible de connaître des mouvements d'orgueil (les anciens Grecs mettaient en garde contre l'*hubris*). S'il succombe à cette tentation, il deviendra fat et stérile; son inspiration et sa créativité s'assécheront rapidement.

Mon talent est ma mission

Une jeune femme me confiait que ses éducateurs l'avaient poussée à devenir pianiste de profession, sous prétexte qu'elle remportait tous les concours auxquels elle participait. Sans doute adorait-elle jouer du piano, mais elle ne souhaitait pas en faire une carrière; elle se voyait plutôt éducatrice. À tort, certains lui rappelaient la parabole des talents pour l'influencer dans le choix de sa mission. Mais la parabole invite à faire fructifier ce que le Créateur a mis en soi, et non telle ou telle habileté. En effet, le mot talent y désigne une pièce de monnaie et non une aptitude.

Cette jeune femme entreprit donc de faire carrière comme pianiste, mais elle restait toujours insatisfaite. Après avoir longtemps douté — elle ne voulait pas «trahir» son talent —, elle décida plutôt de se consacrer à l'accompagnement de malades en phase terminale. Pour la première fois, elle sentait qu'elle suivait l'élan de son cœur. Quant à son talent de musicienne, elle le mit au service de sa nouvelle mission.

Résistances psychologiques

Aux difficultés réelles et aux fausses croyances qu'on peut entretenir sur la mission s'ajoutent les résistances psychologiques. Bien des malentendus subsistent au sujet des résistances et de la manière de les résoudre. L'opinion commune là-dessus est que, si l'on veut, on peut tout vaincre: «*When there is a will, there is a way.*» Ce proverbe laisserait entendre que la personne aux prises avec des résistances face à l'accomplissement de sa mission serait soit paresseuse, soit mal intentionnée.

À mon avis, la résistance provient d'une partie inconsciente de l'être qui manifeste son désaccord avec le projet conscient. Si cette partie inconsciente résiste, c'est qu'elle a peur d'être oubliée ou mise de côté dans la poursuite du projet central. Il est donc important de comprendre le message livré par la résistance: elle prévient que le but poursuivi ne tient pas compte de toutes les exigences de son être et ne sauvegarde pas les intérêts de toute la personne.

Je traiterai plus longuement du problème des diverses résistances psychologiques au chapitre onze de ce livre. Je voudrais cependant insister dès maintenant sur l'importance et le traitement des résistances. Ces dernières jouent un rôle essentiel et dans la connaissance de soi et dans la poursuite éclairée et efficace de sa mission. Carl Jung met en garde ceux qui seraient tentés de se défaire de leurs résistances comme s'il s'agissait d'une mauvaise dent: «Nous n'aurions rien gagné mais nous aurions perdu aussi gravement si on enlevait les doutes aux penseurs, les tentations aux moralistes, la peur aux braves. Loin de les guérir, ce serait les amputer» (cité dans *Callings*, p. 196).

En psychothérapie, une forte résistance rencontrée chez un client est un signe évident qu'on touche à un point critique de sa croissance. De même, une résistance farouche à la réalisation de sa mission annonce qu'on est sollicité par un changement majeur dans sa vie. Malgré les apparences, une résistance est une bonne nouvelle: l'angoisse alors éprouvée indique qu'on s'approche de quelque chose d'important, voire de sacré. Aussi, la manière de bien traiter ses résistances consiste à les accueillir, à les laisser émerger, à les nommer et à s'en faire des alliées éventuelles dans le discernement et l'accomplissement de sa mission.

* * *

Il m'a semblé utile de présenter un appendice intitulé *Le journal de mes découvertes sur ma mission*. Il servira à compiler les résultats des recherches personnelles effectuées au cours des prochains chapitres. Ce journal permettra au lecteur de faire la synthèse de ses découvertes et de mieux définir son projet de vie.

Deuxième partie

Le lâcher prise

4

Faire ses deuils

*Un homme désireux d'atteindre le stade
de l'illumination décida de se mettre
sous la direction d'un grand maître spirituel.
Celui-ci l'invita d'abord à prendre le thé
avec lui. Le néophyte en profita pour lui décliner
ses grades universitaires et lui décrire
ses expériences spirituelles.*

*Pendant qu'il parlait, le maître continuait
de lui verser du thé, même lorsque sa tasse
se mit à déborder. Étonné de ce geste étrange,
le futur disciple lui demanda ce qu'il faisait.
Et le maître de lui répondre: «Ne voyez-vous pas
qu'il n'y a plus de place en vous
pour mes enseignements?»*

Mission et transitions

Mission, vocation, vision... ces réalités concernent toutes l'avenir d'une personne. Or, cet avenir sera impossible à réaliser si on ne profite pas du présent pour lâcher prise sur le passé. William Bridges rappelle en effet la nécessité de rompre avec ce qui est révolu pour planifier le futur: «Toute transition, écrit-il, commence par l'achèvement d'une période.»

Tant et aussi longtemps qu'on s'obstine à ne pas abandonner ce qui n'est plus, on se condamne à y demeurer enfermé, à vivre dans un monde irréel et, par la suite, à languir dans la stérilité psychique et spirituelle. Le refus de lâcher prise de certaines personnes rappelle l'attitude de ces singes qui se laissent facilement capturer par les indigènes. Ceux-ci déposent des noix dans des urnes à fin goulot qu'ils dispersent dans la forêt. Lorsque les singes y plongent la main pour en prendre une poignée, ils ne peuvent plus la retirer à cause de l'exiguïté du col. Ainsi captifs de l'urne, ils deviennent des proies faciles.

Avant de pouvoir entrer dans du nouveau, nous devons nous séparer du passé en produisant des changements non seulement à l'extérieur de nous-mêmes, mais surtout à l'intérieur. Plusieurs personnes ne dépassent pas l'étape des rêves. Elles sont stoppées dans la poursuite de leur mission, car elles sont prisonnières des deuils non résolus et empêtrées dans des souvenirs douloureux. Leurs projets d'avenir s'en trouvent paralysés ou gravement conditionnés. Une simple ficelle à la patte d'un aigle ne suffit-elle pas pour l'empêcher de prendre son envol vers les sommets? Maître Eckart le rappelle: «Celui qui veut devenir ce qu'il devait être doit cesser d'être ce qu'il est.»

Si on parvient à laisser aller ce qui de toute façon est bel et bien révolu, bref à mourir à ce qui est terminé, un phénomène inattendu se produira. Dans ce renoncement, on se remettra alors à revivre et à retrouver le goût de croître. D'où l'importance primordiale de faire ses deuils, c'est-à-dire de lâcher prise pour approfondir ce que l'on est et, par la suite, être prêt à réaliser le projet de sa vie.

La résolution de ses deuils demande de prendre conscience de ses pertes, de les nommer et de progresser à travers diverses étapes. Il m'est apparu opportun de dresser d'abord une liste des diverses pertes susceptibles de jalonner une vie.

Les pertes qui jalonnent une vie

Les pertes prévisibles et les renoncements nécessaires

Toutes les périodes de la vie — naissance, enfance, adolescence, vie de couple, mariage, mitan de la vie, départ des enfants (nid vide), retraite, vieillesse — débutent par une rupture avec l'état précédent. C'est la loi de l'incontournable mourir pour renaître. Judith Viorst, dans *Les renoncements nécessaires*, décrit en détail les séparations exigées par toute période de transition. En voici quelques-unes.

De nombreux jeunes gens cherchent leur vocation, mais éprouvent beaucoup de peine à la trouver. L'une des causes majeures de leur piétinement serait l'absence d'initiation qui leur aurait permis de se sevrer de leurs liens familiaux. Les jeunes hommes, en particulier, ont davantage de difficulté à couper le «cordon ombilical» qui les relie à leur mère. Beaucoup n'évoluent pas et demeurent sous l'emprise de l'archétype du *Puer æternus* (l'éternel enfant). Quand vient le temps de choisir une conjointe, ils recherchent celle qui continuerait à jouer le rôle de mère idéale. En général, les jeunes filles réussissent mieux à s'émanciper de leur famille. Pourtant, un grand nombre d'entre elles demeurent longtemps sous la coupe de l'autorité paternelle. Elles craignent

61

de trahir leur père en devenant elles-mêmes. C'est le cas de cette jeune fille qui désire de tout son cœur exercer le métier de décoratrice, mais s'accroche à son travail de comptable pour ne point déplaire à son père.

Certaines transitions peuvent causer des traumatismes. Comme dans le cas d'une jeune maman qui vient d'enfanter; elle se sent déprimée et ne comprend pas de ne pas se sentir plus heureuse d'avoir donné naissance à un bébé en santé. La venue de son enfant a bouleversé sa vie: congé de maternité, moins d'intimité avec son conjoint, peu de temps à consacrer à ses loisirs, etc. Elle se croit anormale et a le sentiment d'être une mauvaise mère. Ce qui se produit en réalité, c'est qu'elle n'a pas encore accepté les renoncements exigés par sa récente maternité.

Un événement heureux, une promotion ou un changement d'orientation, par exemple, ne dispense pas non plus des affres du deuil. Une de mes amies, directrice d'un établissement scolaire, avait enfin vu son rêve se réaliser: enseigner au niveau collégial. Pourtant, elle ne s'était jamais sentie aussi mal à l'aise depuis; elle se surprenait à regretter les beaux côtés de son ancien travail. Il en est ainsi de bien des retraités qui n'ont pas fait le deuil de leur emploi.

Certains s'imaginent en effet qu'une retraite longtemps désirée permettra de faire l'économie du deuil de son emploi. Cette enseignante attendait avec hâte le jour de sa retraite. Elle s'y était préparée minutieusement. Or, elle fut toute désarçonnée quand, à la fin de l'année scolaire, elle n'en finissait plus de pleurer lors des adieux à ses élèves et à ses collègues. Elle avait cru qu'en préparant sa retraite elle se serait prémunie contre toute éclosion de tristesse. Sa préparation ne l'a pas dispensée des renoncements liés à la transition. Elle lui a toutefois permis de les vivre plus harmonieusement.

Que dire alors des personnes qui n'ont pas songé à négocier des passages semblables de leur vie? Elles se cramponnent désespérément à un scénario de vie déjà dépassé. Comme cette mère de famille, déprimée depuis que ses enfants ont quitté la maison. Que peut devenir une mère quand elle n'a plus d'enfants sur qui veiller?

La condition *sine qua non* pour accueillir sa nouvelle mission est donc d'apprendre à lâcher prise sur le passé, malgré l'impression qu'on peut avoir d'en mourir. Richard Bach, auteur du *Prophète récalcitrant*, écrit: «La chenille ressent comme la fin du monde ce que le Maître appelle un papillon.»

Les pertes imprévisibles

Aux pertes prévisibles s'ajoutent les pertes accidentelles ou imprévues: mort subite d'un être cher, accident, divorce, congédiement, faillite, échec, chagrin d'amour, etc. La soudaineté et l'imprévisibilité de ces pertes rendent souvent le deuil plus pénible à résoudre. Malgré le caractère dramatique de ce genre de perte, en faire le deuil reste toujours possible.

Les pertes nécessaires pour poursuivre son idéal

L'inconnu fait peur. Pourquoi faudrait-il mettre en péril une vie bien rangée, confortable, et s'engager dans une mission qui pourrait s'avérer une chimère? Après s'être assuré une sécurité financière, une vie aisée et un statut social enviable, on n'est guère porté à risquer de perdre toutes les garanties de sa sécurité. Qui l'emportera? Des rêves dont le succès reste incertain ou... «un tiens vaut mieux que deux tu l'auras»?

Un prêtre s'est vu placé devant ce dilemme. Il avait réussi à créer plusieurs œuvres utiles dans la communauté. Mais ses œuvres avaient pris un tel essor qu'il avait été forcé d'en confier la propriété et la gérance à une compagnie. Celle-ci l'avait embauché à titre de fonctionnaire pour diriger un secteur des services. Peu à peu, il s'est senti malheureux dans sa nouvelle fonction. Il s'est mis à déprimer et à ressentir des malaises angineux. Son travail lui causait un tel stress qu'il a dû consulter un psychothérapeute. Celui-ci lui a conseillé de quitter ce travail routinier pour exploiter davantage sa créativité, comme il l'avait fait pour répondre aux situations sociales urgentes. Mais ce changement de vocation signifiait une baisse de salaire énorme. Comment pourrait-il couvrir les dépenses qu'occasionnaient sa nouvelle maison, sa voiture luxueuse, ses loisirs dispendieux? Plutôt que de suivre son talent de créateur, et d'adopter un régime de vie plus modeste, il a préféré conserver le *statu quo* et soigner ses angines.

Combien de gens, comme lui, repoussent la perspective d'une vocation qui entraînerait des changements draconiens dans leur style de vie? Certains tentent plutôt de faire taire les rêves qui menacent leur sécurité et leur tranquillité. Ils se donnent des excuses et refusent de considérer l'attrait constant de leur âme. D'où le malaise qu'ils éprouvent sous forme d'ennui, de vague à l'âme, d'agressivité et de dépression. La seule pensée de compromettre leurs acquis les paralyse. Pourquoi se départir de tant d'investissements matériels, de relations humaines, d'habitudes confortables, d'une retraite assurée, d'habiletés bien rodées par des années d'exercice? Pourquoi abandonner tous ces avantages palpables pour embrasser un rêve qui ne se réalisera peut-être jamais?

Les pertes difficiles à cerner

La perte du sens de la vie prend la forme de la mélancolie, du vague à l'âme et de l'ennui existentiel. N'est-ce pas l'état d'âme dont sont affligés beaucoup de nos contemporains? Grisaille, mal d'être, ras-le-bol, impression de vide et d'inutilité. Rien ne les satisfait, rien ne les emballe. Ce qui faisait jadis leur joie de vivre ne les comble plus. Ils languissent dans un vide existentiel qu'ils essaient de remplir de choses et d'activités plus décevantes les unes que les autres. Certains deviennent sceptiques, d'autres agressifs. Les uns s'isolent dans une solitude malsaine, les autres se réfugient dans la consommation, la maladie ou la dépression. D'aucuns essaient d'échapper à leur vacuité intérieure par l'alcoolisme ou des inconduites sexuelles, quand ils ne se laissent pas solliciter par des pensées suicidaires: «À quoi bon vivre? Y a-t-il autre chose dans la vie que cette routine? Pourquoi continuer à vivre?» Ce sont là des signes indicateurs d'une névrose existentielle.

Viktor Frankl définit la frustration existentielle comme une absence radicale de sens dans sa vie. Le manque de raison d'être est à l'origine de la névrose spirituelle, spécialement chez une personne qui a perdu toute passion. Où trouver la cure de ce mal d'être, de ce cafard? Qu'est-ce qui redonnerait un sens à sa vie? La réponse réside en grande partie dans la découverte de sa mission.

Le lâcher prise et ses étapes

Le travail psychologique du deuil ne vise pas à faire oublier, mais à établir une nouvelle relation avec les réalités qui ont été précieuses pour soi, qu'il s'agisse de personnes, d'activités, d'habiletés, de choses matérielles, etc. Rappelons ici les parti- cularités du processus de deuil: il est à la fois naturel, progressif, communautaire et temporaire. Naturel car il s'enclenche de lui- même dès qu'on laisse tomber ses résistances. Progressif parce que la résolution du deuil s'effectue par étapes successives. Commu- nautaire parce que pour guérir de son deuil l'aide des autres est indispensable, surtout l'appui d'une communauté sympathique. Enfin, temporaire car, à mesure que le deuil se résout, la personne endeuillée retrouve un nouvel équilibre psychologique et spirituel.

Mon expérience d'accompagnement des endeuillés m'a amené à répartir l'évolution du deuil en sept étapes, qui sont autant de points de repère permettant de savoir où l'on en est rendu dans le deuil et de mesurer le degré du lâcher prise. Voici une brève description de chacune d'elles dont on retrouvera une présentation détaillée dans mon ouvrage *Aimer, perdre et grandir.*

1. Le choc

Le lâcher prise rencontre des résistances de taille: le choc et le déni. Ceux-ci s'avèrent néanmoins bienfaisants pour l'endeuillé. Ils lui donnent le temps nécessaire pour atténuer sa souffrance et se bâtir des ressources lui permettant d'affronter l'inévitable. En d'autres termes, ces résistances aident la personne en deuil à métaboliser peu à peu sa souffrance et à s'éviter, du même coup, un trop grand accablement.

Le choc est une sorte d'hébétude ou même de sidération qui paralyse la perception de la cruelle réalité. Incapable d'imaginer une telle perte, on a l'impression de vivre un mauvais rêve dont on voudrait se réveiller. On est obsédé par les souvenirs du passé qui submergent la réalité présente. Parfois, on hallucine même.

2. Le déni

Le déni est un second réflexe de défense contre la prise de conscience de la perte. Il agit sous deux formes: il fait oublier l'événement douloureux et fait refouler les fortes émotions du deuil. La première tentation est de revenir «au bon vieux temps», d'oublier la situation présente et de croire que tout sera à nouveau comme avant. Hélas, la vie ne se répète jamais; elle ne permet pas de revivre le passé.

L'autre tentation consiste à s'imaginer pouvoir échapper au travail du deuil. On s'emploiera par exemple à faire du remplacement: on s'empresse de remplacer son conjoint par un autre, son emploi par un autre, son chien par un autre, etc. C'est fréquemment le cas chez les hommes. Après un divorce ou un décès, nombreux sont ceux qui se cherchent une jeune compagne pour combler leur vide intérieur et mettre un peu de baume sur leur blessure narcissique. Cette fuite en avant est trompeuse; elle les porte à croire qu'ils ont résolu leur deuil et donné une toute nouvelle orientation à leur vie. Illusion! Il est en effet impossible d'esquiver un deuil sans devoir en payer le prix plus tard.

Les mécanismes de résistance au deuil ont donc un rôle positif: ils donnent à la personne le temps de «survivre», de digérer la perte à son rythme et de se bâtir des forces pour affronter les moments plus pénibles du détachement. En revanche, s'ils perdurent, ils paralyseront la résolution du deuil et empêcheront l'ouverture aux autres et à d'autres projets. Le cas échéant, la personne endeuillée devrait sans tarder solliciter de l'aide pour se permettre de dissoudre ses résistances.

3. L'expression des émotions

Quand les résistances au deuil commencent à céder, le «deuilleur» se sent progressivement submergé par un flot d'émotions et de sentiments: peur, tristesse, solitude, abandon, colère, culpabilité, libération, etc. Ces vagues d'émotions montent en lui, se retirent, puis reviennent, à la manière du flux et du reflux de la mer, perdant cependant à chaque fois de leur intensité.

L'expression des émotions n'est pas réservée à la perte d'une personne chère. À la nouvelle d'un congédiement, d'un divorce ou même d'une promotion, le «deuilleur» se sent tout de suite envahi par l'anxiété. L'inconnu, même lorsqu'il s'agit d'une bonne nouvelle, est perçu comme une menace. Le «deuilleur» a alors l'impression de perdre la maîtrise du déroulement de sa vie. Pensons aux parents qui assistent au départ définitif de leurs enfants de la maison. Ils se désolent à la pensée de laisser s'envoler leurs oisillons et d'avoir à habiter un nid vide.

La **tristesse**, souvent appelée «peine», est l'émotion caractéristique de l'état de deuil. La personne a alors le sentiment d'avoir été amputée de l'objet de ses affections. Une telle douleur plonge souvent dans la dépression, sinon dans la désolation, comme ces gens qui préféreraient mourir avec l'être cher plutôt que de vivre sans lui.

La perte d'un emploi, d'un animal domestique, d'un idéal ou d'un rêve peut à première vue paraître moins tragique qu'un décès ou un divorce, mais elle n'en est pas moins lourde à porter dans certains cas. Il me revient à l'esprit la situation d'un bibliothécaire nouvellement retraité. D'abord tout heureux de n'avoir plus à se rendre au travail tous les matins, il s'est mis peu à peu à s'ennuyer, jusqu'à la déprime. Il trouvait le temps long, se sentait inutile et n'avait plus de raison de vivre. Quand il m'en a parlé, je lui ai demandé s'il avait fait le deuil de sa bibliothèque. Ma question, tout en l'intriguant, l'a pris au dépourvu. Je l'ai alors invité à aller faire ses adieux au fichier central qu'il avait aidé à créer pendant ses trente années de service. Il a suivi mon conseil. Caché entre deux étagères de livres, il fit ses adieux aux lieux auxquels il avait consacré son temps, son travail et son dévouement. Il se surprit à pleurer à chaudes larmes. Il pleurait non pas sur les choses qu'il avait quittées, mais bien sur ce qu'elles représentaient: trente années de dévouement à un emploi qui l'avait rendu heureux.

La personne endeuillée éprouve aussi un sentiment de **colère** sourde, susceptible de prendre diverses formes: irritabilité, mécontentement, impatience, frustration, etc. Il s'agit d'une protestation camouflée contre l'absence cruelle d'un être aimé, d'un idéal, d'une activité ou encore d'un simple objet. Il n'est pas rare, par exemple, d'entendre des immigrants faire une critique acerbe de leur pays d'adoption. Une dame d'origine italienne me confiait que les fleurs du Canada ne sentaient rien en comparaison de celles d'Italie. Un homme parlait du peu d'hospitalité des Canadiens. Ces personnes n'avaient visiblement pas fait le deuil de leur pays d'origine.

Certains «deuilleurs» retournent leur colère contre eux-mêmes. Ils éprouvent un sentiment de **culpabilité** que souvent ils cultivent. Certains ont l'impression de ne pas en avoir fait assez dans leur vie. D'autres se blâment de pas avoir suffisamment aimé la personne chère disparue. Des retraités se sentent coupables d'avoir quitté des amis, car ils ont l'impression de les avoir abandonnés. Des personnes récemment divorcées se prennent à regretter leur bonheur passé et s'en veulent de ne pas avoir été plus tolérantes envers l'ex-conjoint.

L'expression des émotions tire à sa fin au moment de la **«grande braille»**. La personne en deuil prend soudainement conscience de la perte définitive de l'être ou de l'objet aimé. Elle laisse s'envoler son dernier espoir de le retrouver ou de revenir en arrière. La «grande braille» se reconnaît à l'intensité de la douleur qui s'exprime alors en pleurs, voire en lamentations. Après cette vibrante décharge émotionnelle, la personne endeuillée éprouve habituellement une paix profonde, parfois même des états mystiques.

4. La prise en charge des tâches liées au deuil

Une fois le travail émotionnel du lâcher prise bien avancé, la personne en deuil doit passer à l'action et régler les affaires liées à la séparation. Il s'agit, dans le cas du décès d'un proche, par exemple, de régler la succession, d'accomplir l'inhumation selon les rites culturels propres, de réaliser les promesses faites au défunt, etc. Une personne qui prend sa retraite devra, quant à elle, faire ses adieux, vider son lieu de travail de ses effets personnels, réorganiser son temps et ses activités, finir de remplir les formulaires d'usage, parfois même se découvrir de nouveaux amis pour remplacer les collègues de travail, etc. Les tâches à accomplir varient selon le type de séparation. Ces activités en apparence insignifiantes contribueront à accélérer le lâcher prise.

5. *La découverte du sens de sa perte*

L'expression de ses sentiments et l'exécution des tâches liées au deuil permettent à la personne de prendre ses distances par rapport à la rupture et de la ramener à ses proportions véritables. Pour progresser dans la résolution de son deuil, il lui reste à découvrir quels choix lui permettront de poursuivre sa route. Au lieu de rester démunie et écrasée, elle est désormais en mesure de profiter du plus grand degré de maturité que la perte lui a permis d'acquérir. Voici quelques exemples de gestes positifs accomplis par des personnes à la suite de leur perte. Pour certains, c'était leur mission qui venait d'être révélée en clair.

Une épouse abandonnée par son mari se retrouve sans le sou; ce malheur la pousse à terminer son cours d'infirmière, un idéal de vie qui la hantait depuis son enfance mais qu'elle avait dû abandonner pour élever sa famille. Une éducatrice, professeure de danse, se voit atteinte de sclérose en plaques; pour elle, finie la danse. Elle déclare que sa vie n'est pas finie pour autant. Elle se met en frais de réaliser un second rêve: créer un logiciel d'exercices de français. Un jeune homme est atteint de paraplégie par suite d'un accident de motocyclette; au cours de sa réhabilitation, il se découvre des aptitudes en électronique. Un homme affligé d'un immense chagrin d'amour se surprend à composer des poèmes, lui qui se croyait dépourvu de tout talent littéraire. Sa détresse l'a forcé à entrer en contact avec ses émotions et à développer son talent de poète. Dans bien des cas, une blessure devient l'occasion pour la personne de découvrir sa mission. Nous en discuterons plus en détail au chapitre suivant.

6. L'échange de pardons

Le pardon est un excellent moyen pour lâcher prise. Mon expérience personnelle m'a permis de constater son importance dans le processus de deuil. Pour réussir à faire le deuil d'une personne, qu'elle soit décédée ou non, il importe de lui pardonner. Celui qui pense quitter une relation, une situation ou un lieu de travail tout en ayant le cœur plein de ressentiment, d'amertume et de sourde colère s'illusionne, car il traîne avec lui un lourd passé.

Un jour, on demanda à un ancien prisonnier de guerre s'il avait pardonné à ses tortionnaires. Il affirma que jamais il ne leur pardonnerait. Son interlocuteur lui dit alors: «Vous n'êtes pas encore sorti de votre prison!»

7. L'entrée en possession de son héritage

La dernière étape de la résolution d'un deuil consiste à récupérer l'affection qu'on a vouée à un être aimé, à une activité ou à un objet précieux. En d'autres mots, l'héritage consiste à se réapproprier l'affection, les espoirs, les rêves, les attentes dont on avait entouré un être aimé. En voici un exemple. Une de mes amies venait de quitter son poste de directrice d'une agence de services sociaux. Je l'invitai à faire l'héritage de ce qu'elle avait investi durant quinze ans dans son travail. Elle conçut le rituel suivant pour la fête d'adieux organisée à l'occasion de son départ. À la fin de la soirée, elle ouvrit la valise qu'elle avait reçue en cadeau; elle déclara à ses compagnons de travail qu'elle souhaitait partir avec tous les beaux moments qu'ils avaient vécus ensemble. Elle fit alors semblant de prendre les mains de sa secrétaire et de les déposer dans sa valise, signifiant ainsi son désir d'hériter de l'esprit de service de celle-ci. Elle fit de même avec le sourire de son assistant, symbole à ses yeux de sa bonne humeur; avec les épaules d'un autre, signe de son courage au travail, et ainsi de suite pour chacun de ses collègues. Pour terminer, elle referma la valise et leur déclara qu'elle partait avec sa valise remplie de toutes les richesses vécues parmi eux.

Comment effectuer le lâcher prise?

Le moyen le plus efficace de lâcher prise est de raconter l'histoire de sa perte et d'exprimer son vécu émotionnel. Si la personne endeuillée a la chance de trouver des auditeurs attentifs et présents, elle pourra se raconter, se libérer de son fardeau émotionnel et retrouver son aplomb psychologique.

Pour lâcher prise, il est important de bien évaluer la gravité de sa perte. On peut le faire en répondant aux questions suivantes: «Qu'est-ce que cet être représentait pour moi?» Ou encore: «Quelle énergie ai-je investie dans cette personne ou cette réalité?» On peut ainsi mesurer la valeur subjective de ce qui a été perdu. Cette prise de conscience, toute douloureuse qu'elle soit, permet d'entrer plus à fond dans son deuil et de le résoudre le plus rapidement possible.

Rituels du lâcher prise

Un rituel est un théâtre de l'âme dans lequel on opère d'une façon symbolique le changement qu'on veut voir se produire dans sa vie. Il a le pouvoir d'indiquer à l'inconscient ce qu'il doit faire pour se libérer d'un passé révolu. Le fait de vivre un rituel avec des amis aide parfois à accomplir le détachement permettant par la suite d'assumer sa mission. Voici quelques exemples. Lorsqu'il voulut se dégager intérieurement des événements du passé, un de mes amis se mit à faire le ménage dans son grenier, sa cave et son garage. Pour bien signifier qu'il avait à abandonner un emploi très lucratif pour réaliser sa mission, un homme fit brûler un billet de banque. Une autre personne voulait se libérer d'une fausse croyance inculquée par son père. Celui-ci lui avait fait croire qu'elle avait fait mourir sa mère en naissant. Pour se libérer de ce secret de famille, elle réunit quelques amis pour un rituel. Elle se fit d'abord ficeler les bras et les jambes, pour leur montrer comment son père l'avait longtemps paralysée avec cette fausse croyance. Puis, avec une paire de ciseaux qu'elle parvenait à peine à manier, elle réussit à couper ses liens, tout en signifiant à son père qu'il n'exercerait plus d'influence sur elle.

Une autre femme avait dû subir une hystérectomie, ce qui mettait fin à tout espoir de maternité biologique. Elle décida alors de vivre un rituel pour s'aider à passer à une nouvelle étape de sa vie. Voici comment elle procéda. Elle demanda au chirurgien de bien vouloir conserver son utérus dans le formol. Une fois remise des effets de la chirurgie, elle convoqua des amis à la ferme d'un d'entre eux pour un rituel de passage. Elle souhaitait signifier que, sa maternité physique étant devenue impossible, elle deviendrait une mère spirituelle pour ses clients en psychothérapie. Elle creusa un trou au fond duquel elle déposa son utérus. Puis, sur celui-ci, elle planta un arbre, symbole de sa nouvelle maternité.

5

Guérir ses blessures pour découvrir sa mission

Parfois nous nous tournons vers Dieu,
quand nos fondations tremblent,
pour nous apercevoir
que c'est Dieu lui-même
qui les ébranle.

Anonyme

Dans des ateliers sur le thème *Découvrir sa mission*, à ma grande surprise, plusieurs participants, se sont sentis incapables d'identifier leur projet de vie, trop préoccupés qu'ils étaient par les blessures du passé. Ils ne parvenaient pas à franchir l'étape du lâcher prise et à se concentrer sur la découverte de leur identité. J'ai dû insister davantage sur le temps à consacrer au lâcher prise. Il importe en effet non seulement de faire ses deuils, mais aussi de guérir ses blessures par le pardon.

Les cas suivants de «blessés de la vie» illustrent bien les blocages qui entravent la poursuite de la mission. Une jeune femme, victime d'un viol social, ne se pardonne pas de s'être exposée à une situation dangereuse. Elle ne fait plus confiance aux hommes qui, pour elle, sont tous des violeurs en puissance. Un jeune homme, abandonné par son père, ne se sent désormais plus capable de poursuivre sa vocation d'aidant. Un homme encore sous le coup d'un chagrin d'amour se croit incapable d'aimer à nouveau et de rebâtir une vie de couple. À la suite de la faillite de son entreprise, un homme d'affaires se déprécie et reste amer vis-à-vis de ses créanciers. À ses yeux, ils sont tous des requins qui ne lui ont pas donné la moindre chance de s'en sortir.

Il n'est pas rare que les personnes éprouvées se sentent impuissantes à se guérir et à se rebâtir un avenir. Elles sont portées à végéter dans le ressentiment, y ravivant constamment la douleur de l'offense subie. Elles restent accrochées à un passé douloureux qui gâte leur présent et qui les empêche d'envisager un avenir prometteur. La peur d'être blessées de nouveau les hante et les ferme à toute perspective de risque et de succès. Elles ont perdu confiance en elles-mêmes et ne voient plus comment réaliser leur rêve. La recherche de leur mission s'avérera impossible tant et aussi longtemps qu'elles ne seront pas guéries de leur blessure.

Nous mettrons en évidence, dans un premier temps, la nécessité d'entreprendre une démarche de pardon pour guérir et se libérer des offenses subies. En second lieu, nous soulignerons que bien soigner et assumer une blessure permet de découvrir un nouveau sens à sa vie, et même sa mission.

Guérir ses blessures grâce au pardon

Les psychologues découvrent de plus en plus la valeur curative du pardon. Des enquêtes menées auprès de personnes qui pratiquent le pardon pour se guérir ont démontré chez elles une baisse notable de l'anxiété, de la dépression, des accès de colère, ainsi qu'une nette augmentation de l'estime d'elles-mêmes. Ces effets thérapeutiques, constatés scientifiquement, durent et se prolongent pendant plusieurs années (Enright, 1998: 58-59, 71). Il sera donc utile de rappeler brièvement ici les étapes du pardon, présentées précédemment dans mon ouvrage *Comment pardonner?*.

Décider de pardonner plutôt que de se venger

Une démarche de pardon s'amorce lorsqu'on prend la ferme décision de ne pas se venger et de faire cesser l'offense.

Il est important de développer dans sa vie une attitude de pardon au lieu de décider à chaque offense si c'est le chemin qu'on choisira. Il faut même se prémunir à l'avance contre une réaction instinctive de vengeance. En effet, l'idée de vengeance est tellement spontanée qu'elle l'emportera contre toute velléité de pardon.

Quand on songe à se venger, on pense habituellement à toutes sortes d'actes violents; c'est la forme active de la vengeance. Il existe aussi une forme passive de la vengeance qui se nourrit d'une sourde colère empêchant de vivre et de laisser vivre autour de soi.

Elle se manifeste de diverses façons: dépression, nostalgie, humeur chagrine, manque d'initiative et d'enthousiasme, apathie, sécheresse du cœur, état permanent d'ennui indicible, etc. Quelle dépense d'énergie inutile! On empoisonne alors sa vie et celle de ses proches.

Par ailleurs, la décision de ne pas «faire payer» son offenseur ne signifie pas qu'on laisse se perpétuer les méfaits. Bien au contraire, on doit employer toute sa force d'affirmation pour mettre fin à ses violences d'une façon non violente. Recourir à la violence serait céder à l'instinct de vengeance.

Certains ont accusé les «pardonneurs» de pusillanimité. Ils auraient raison de le faire si les victimes renonçaient à protester contre l'offenseur. La démarche du pardon n'a rien d'un geste de lâcheté; au contraire, elle commence par un acte de courage et de protestation contre toutes formes de «victimisation» de soi-même. S'il n'en était pas ainsi, le pardon ne serait qu'un attrape-nigaud.

Reconnaître sa blessure

Si la personne blessée s'entête à oublier l'offense, à excuser l'offenseur et à nier son émotivité blessée, jamais elle ne parviendra à pardonner. Sans tomber dans le masochisme ou se complaire dans l'état de victime, elle doit reconnaître à la fois l'offense et sa blessure. Si elle ne le fait pas, l'offense reçue continuera de faire des ravages dans sa sensibilité et son émotivité, et minera son énergie d'une façon inconsciente. Nier sa blessure ou faire semblant de la nier bloque toute démarche de pardon. Cette stratégie de déni ne réussit en effet qu'à enfouir la blessure dans l'inconscient. Il reste alors seulement, au niveau conscient, un sourd malaise, une déprime certaine, des irritations soudaines ou de folles envies de tout oublier.

Dire sa blessure à quelqu'un

Pour pouvoir mieux prendre conscience de tout l'impact de l'offense sur soi, il n'existe pas de moyen plus efficace que de se confier à quelqu'un. Si l'offenseur se montre prêt à reconnaître sa responsabilité, c'est à lui qu'il faut d'abord parler. Il y a alors de bonnes chances que l'offensé soit tout à fait disposé à lui pardonner. Un vieux proverbe affirme en effet: «Faute avouée est à moitié pardonnée.»

Malheureusement, l'offenseur n'est pas toujours prêt à avouer sa responsabilité, ou il est parfois impossible à joindre. Dans ces cas, la meilleure chose à faire est de rencontrer une personne sympathique, capable d'écouter le récit de ses malheurs. De nombreux effets bienfaisants en découleront: on verra la situation pénible sous un autre jour; on éprouvera un grand soulagement à partager le poids de sa peine; on sera davantage en mesure de trouver des solutions inédites et on découvrira en soi-même plus de courage pour les appliquer.

Bien identifier la partie blessée en soi pour en faire le deuil

Sous le choc d'une offense, il arrive qu'on ne discerne pas toujours bien la partie de son être qui a été malmenée. On a souvent l'impression que toute sa personne a été écorchée. L'illusion d'avoir été atteint aussi gravement conduit à l'impuissance de réagir et empêche d'entreprendre la moindre démarche de pardon. On doit éviter à tout prix de se complaire dans son état de victime. Il faut plutôt s'appliquer à cerner la véritable nature de la blessure. Quelques questions aideront à le faire: «Quelle partie de moi au juste a été blessée? Ai-je été atteint dans ma dignité, dans une de mes qualités, dans l'estime de moi-même, dans ma fierté, dans l'amour des miens, dans mes biens matériels, etc.?» Souvent, c'est une vieille blessure de l'enfance, pas encore guérie, qui émergera.

Parvenir à bien cerner la nature et l'ampleur de la blessure sans l'exagérer facilitera le processus de deuil.

Bien gérer sa colère

Une des difficultés majeures rencontrées sur le chemin du pardon est de savoir gérer sa colère. Elle revêt divers aspects, soit la forme camouflée de la frustration, du mécontentement, de la déception, de l'irritation, soit la forme éclatante de la colère, du courroux, de la fureur, voire de la rage. Non canalisée, la colère risque de créer en soi de sérieux blocages; on devient alors un «passif agressif». On sera alors agacé par de perpétuelles ruminations, hanté par un ressentiment et habité d'obsédants fantasmes de vengeance. Si on retourne la colère contre soi-même, on risquera d'être tourmenté par un fort sentiment de culpabilité. Si on la déplace sur les autres, on infligera des blessures injustes à des personnes innocentes, souvent à des proches. Enfin, on projettera son agressivité sur l'entourage; on aura non seulement peur de l'agressivité des autres, mais de la sienne propre.

Idéalement, bien gérer sa colère consiste à reconnaître sa présence, à se l'approprier et à l'exprimer d'une façon constructive. Au lieu de la refouler, on doit s'en servir pour protester contre les mauvais traitements de l'offenseur. La colère n'est pas en soi une émotion «négative», comme on l'a souvent laissé entendre. Au contraire, elle sert à protéger l'intégrité menacée de la personne. Une fois exprimée avec justesse, elle s'estompera pour faire place à une autre émotion sous-jacente, habituellement la tristesse. L'émergence de celle-ci rendra possible le travail du deuil en vue du pardon.

Recréer l'harmonie en soi

Cette étape constitue un point tournant de la démarche de pardon. Se pardonner à soi-même, c'est cesser d'être son propre bourreau. En effet, lors de toute offense grave, un curieux mécanisme de défense se met en branle: la victime s'identifie instinctivement à l'offenseur, l'imite et continue à se faire mal.

Pour recréer l'harmonie en soi, il faudra donc cesser de s'accuser et de s'accabler de reproches: «J'aurais dû prévoir! Pourquoi me suis-je permis d'aimer une telle personne? Pourquoi suis-je enclin à me mettre dans de pareilles situations? Je dois être masochiste, "niaiseuse", stupide de nature!» Tous ces blâmes dirigés contre soi-même stoppent la progression du pardon. D'où l'importance de modifier son dialogue intérieur et d'apprendre à se traiter avec bonté et douceur, comme on le ferait avec son meilleur ami dans une situation semblable.

Se pardonner, c'est créer l'harmonie entre deux parties de soi: celle qui s'est substituée à l'offenseur et celle qui est victime. Il s'agit d'une part de désamorcer la violence de son bourreau intériorisé en faisant de lui un protecteur et, d'autre part, de rétablir la dignité de la victime. Pour apprendre à créer cette harmonie, il sera utile de consulter mon ouvrage *Comment pardonner?*, plus particulièrement l'exercice visant à refaire l'harmonie intérieure (p. 152-156).

Comprendre son offenseur

Il serait imprudent d'entreprendre cette étape avant d'avoir recréé son unité intérieure. En effet, ce n'est qu'une fois réalisée l'harmonie en soi qu'on sera en mesure d'aborder son offenseur et de lui faire face avec calme et sérénité. Sinon, on risque de nager dans la confusion.

L'effort déployé pour comprendre son offenseur ne signifie nullement qu'on s'efforce d'excuser son geste malheureux, encore moins de l'approuver. On cherche plutôt à le replacer dans son contexte, ce qui permettra de mieux l'expliquer. Pour ce faire, on pourra se poser les questions suivantes: «Dans quelles circonstances a-t-il commis l'offense? Comment expliquer un tel geste de sa part? par l'histoire de ses propres blessures? par ses antécédents familiaux? par ses déboires, ses échecs, ses chagrins, etc.?» Tous les renseignements acquis sur l'offenseur contribueront à atténuer la sévérité du jugement qu'on porte sur lui.

Une meilleure compréhension de son offenseur permettra aussi de séparer son geste de sa personne, empêchant de le «diaboliser» à tout jamais. En évitant d'identifier l'offenseur à son acte mauvais et de le croire incapable de changer, l'offensé se donne la possibilité de le voir sous un jour nouveau, comme un être faible, capable d'évoluer et éventuellement de se repentir.

Trouver un sens à sa vie à la suite de l'offense

Les étapes précédentes ont été nécessaires pour assurer la guérison émotionnelle de l'offensé. Une fois cette démarche amorcée, l'offensé devra se dégager et prendre une distance par rapport à son vécu émotionnel sans toutefois le nier. Ce recul lui permettra de mieux situer l'offense dans l'ensemble de sa vie et d'en dégager un sens pour s'assurer d'une raison d'être.

Vu l'importance de cette étape pour la guérison spirituelle, je lui ai réservé une section à la toute fin de ce chapitre: «Les missions découlant de ses pertes et de ses blessures» (p. 84).

Puiser dans les ressources spirituelles

La guérison d'une blessure, décrite au cours des étapes précédentes, prépare le cœur à pardonner. Mais ce n'est là que l'amorce du pardon. Car le pardon, comme l'indique l'étymologie du mot, signifie «don parfait». Or, un tel don poussé à la perfection de l'amour dépasse largement les forces humaines. «Se venger est humain, mais pardonner est divin», affirme l'adage. Le pardon excède tous les efforts d'une volonté humaine, si généreuse ou magnanime qu'elle puisse être. Il demande un surcroît d'amour, une grâce spéciale qui ne peut venir que de Dieu. Les religions traditionnelles sont unanimes à le reconnaître: «Dieu seul peut pardonner.»

Dans le monde de la psychologie, on se demande aujourd'hui si le pardon est possible sans l'aide de Dieu. Oui, répondent certains psychologues humanistes qui font du pardon une simple technique thérapeutique. Ce que je ne peux pas admettre, car on risque ainsi de réduire le pardon à un moyen de guérison, le détournant de sa fin propre: un dépassement dans l'amour des ennemis. Ce qui permet de poser un geste d'une si haute générosité que le pardon, c'est le sentiment profond d'être aimé et pardonné d'une façon inconditionnelle par Dieu. En effet, comment peut-on aimer, si on n'a pas le sentiment d'avoir été aimé? De même, comment peut-on pardonner si on n'a pas l'intime conviction d'avoir soi-même été pardonné?

Le «pardonneur» jouit de la grâce divine qui confère un amour tout spécial dépassant tout amour humain. C'est ce qui lui permet de pardonner. De fait, son pardon n'est que l'écho du pardon qui lui a d'abord été accordé par Dieu. Jusqu'à un certain point, le «pardonneur» n'est pas l'auteur de son pardon, mais le sujet du pardon divin. Seule la force du pardon reçu de Dieu rend l'être humain capable de pardonner à son tour.

En résumé, le pardon est le fruit de la collaboration de l'effort humain et du don de Dieu. Il empêche de se laisser piéger par le désir de vengeance; il fait prendre conscience de sa blessure et il la guérit; il rétablit l'estime de soi et la confiance en ses ressources; il rappelle qu'avec la grâce de Dieu on a le pouvoir de créer du neuf. Le pardon ouvre sur l'avenir et rend possible la réalisation de sa mission.

Les missions découlant de ses pertes
et de ses blessures

Viktor Frankl ne partageait pas le pansexualisme de Freud selon lequel le principe du plaisir était la principale motivation de l'agir humain. Pendant la Seconde Guerre mondiale, Frankl séjourna dans les camps de concentration nazis. Il en ressortit avec la conviction qu'une seule raison l'empêcha de se suicider, à savoir que la vie a un sens et qu'il lui appartenait de le trouver. Il en conclut que ni la volonté de plaisir ni la volonté de puissance ne commandaient l'esprit humain, mais bien la volonté de donner un sens à sa vie. À propos des prisonniers des camps de concentration, il écrivit: «Malheur à celui qui ne trouvait plus aucun sens à sa vie, qui n'avait plus de but, plus de raison d'aller de l'avant. Il était condamné» (1988: 91). Il ajoute que, quel que soit le degré de souffrance auquel on est soumis, il est toujours possible de trouver une raison d'être ou de vivre.

Le vide créé par l'absence d'un être aimé ou par la perte d'un bien précieux exige d'être comblé éventuellement. Pour vivre pleinement, et pas seulement subsister, le «deuilleur» ou la victime peut et doit trouver un nouveau sens à sa vie. Après la mort de son mari, une cliente me confiait: «Ma vie ressemble à un livre aux pages blanches. Je ne sais plus quoi y écrire.» Je lui ai alors demandé quel titre elle donnerait à son livre. Après un moment d'hésitation, elle s'exclama: «Va de l'avant, Chantal!»

Chose assez étonnante, voire paradoxale, c'est souvent en lien avec la perte ou la blessure subie que plusieurs découvrent une nouvelle orientation à leur vie. Leur vocation émerge de leurs deuils, déboires ou épreuves. Je pense à cette femme qui, victime de violence conjugale, fonda une maison pour femmes battues; à ce couple dont le fils a été tué par un chauffard ivre et qui s'est donné comme mission de forcer les autorités à se montrer plus vigilantes pour punir les conducteurs en état d'ébriété; à ce paraplégique qui occupe le plus clair de son temps à recueillir des fonds pour aider d'autres personnes handicapées. De tels exemples sont nombreux.

Les personnes avec un handicap ou les victimes d'une maladie chronique s'avèrent souvent les meilleurs aidants. Elles ont fondé la plupart des organismes d'entraide qu'on retrouve dans la société. À la suite d'un malheur, elles ont puisé dans leurs ressources personnelles, jusque-là ignorées, de quoi se guérir elles-mêmes et de quoi aider les autres à guérir. Ces personnes comprennent mieux les gens qui souffrent d'un mal semblable; elles connaissent les chemins de la guérison. On peut dire qu'elles ont été initiées à la vocation de «guérisseurs blessés».

Bien des gens ont trouvé, à la suite d'une épreuve, une nouvelle raison de vivre; en revanche, bien d'autres personnes éprouvées se laissent aller à la dépression, jouent au martyr, entretiennent une hargne tenace ou envisagent le suicide. Ceux qui choisissent de vivre dans ces états émotionnels finissent par en subir une perte. Dans une conférence prononcée à Paris, je venais d'affirmer la possibilité de donner un nouveau sens à sa vie après le décès d'un être cher. J'ai alors subi les foudres d'une mère endeuillée par la mort de son enfant. Elle s'attaquait à tous les soignants, médecins et psychologues y compris. J'ai eu l'impression qu'elle trouvait plus de gloire à étaler en public sa colère de mère éplorée qu'à chercher à faire le deuil de son enfant et à trouver un sens à sa souffrance. Je me suis fait la réflexion suivante: une pareille rage entretenue contre les soignants et ses proches aura, un jour ou l'autre, des effets pervers sur la santé d'un autre membre de sa famille. Je fus à même de vérifier la justesse de ma prédiction quand j'appris qu'un autre de ses enfants se mourait de leucémie.

Il n'est certes pas question de nier le malheur qui nous frappe. Mais comme le rappelle Viktor Frankl dans *Trouver un sens à sa vie*, nous avons toujours la possibilité de modifier notre attitude face au malheur pour mieux le vivre. Dans *The Soul's Code*, James Hillman écrit qu'il s'agit moins de se demander: «Comment me suis-je attiré cela?» ou encore: «Pourquoi cela n'arrive-t-il qu'à moi?», mais plutôt: «Qu'est-ce que mon ange attend de moi?»

La découverte de sa mission à la suite d'une épreuve permet d'expérimenter une nouvelle liberté intérieure et de dévoiler des horizons nouveaux. On ressort enrichi d'une expérience qui aurait pu détruire. On est plus sensible aux appels de sa mission. On entrevoit mieux comment son action auprès d'autres affligés leur apportera l'espérance dont ils ont besoin.

Pour aider à trouver une nouvelle raison de vivre à la suite d'un grand malheur, je vous propose de répondre à la série de questions suivante. Ces questions visent à transformer la blessure en tendresse, en ouverture aux autres et en découverte d'une mission.

Qu'est-ce que j'ai appris de mon deuil ou de l'offense subie?

Quelles nouvelles ressources de vie ai-je découvertes en moi?

Quelles limites ou fragilités ai-je découvertes en moi et comment ai-je pu les gérer?

Suis-je devenu plus humain et compatissant envers les autres?

Quel nouveau degré de maturité ai-je atteint?

À quoi cette épreuve m'a-t-elle initié?

Quelles nouvelles raisons de vivre me suis-je données?

Jusqu'à quel point ma blessure a-t-elle révélé le fond de mon âme?

Dans quelle mesure ai-je décidé de changer mes rapports avec les autres, et plus particulièrement avec Dieu?

De quelle façon vais-je maintenant poursuivre le cours de ma vie?

Troisième partie

L'entre-deux

6

La période de «marge» et d'ombre

Maudit hiver... Maudite errance! Tant de temps
perdu à ne plus savoir comment faire: vide,
entre-deux, flou, inconfort, indécision,
stagnation, doute, hésitation, brouillard,
incertitude... Temps vide, temps perdu...
Maudite errance! En finir au plus vite...
en sortir... enfin!

Pourquoi un tel hommage à l'hiver,
au temps d'arrêt, à l'essentielle errance!
Saison maudite ou saison mal aimée?
Saison méprisable ou méprisée?
Saison méconnue? Saison à découvrir?
Saison à apprivoiser.

Michèle Roberge

Après avoir complété ses deuils et ses pardons, on entre dans une période dite «de la marge». C'est une étape essentielle d'approfondissement de son identité et, par suite, de découverte de sa mission. La tentation est grande d'éviter ce temps inconfortable parce que d'apparence inutile et vide.

S'inspirant du travail de l'anthropologue Van Gennep dans *Les rites de passage*, William Bridges propose un modèle de transition à trois temps: le lâcher prise, qui consiste à se libérer de l'état antérieur, l'entre-deux ou la période de «marge» et la nouvelle entrée dans la communauté. Van Gennep a observé ce rythme de transition dans les rites initiatiques des sociétés traditionnelles. Après avoir séparé les futurs initiés de leur famille, les initiateurs exigeaient d'eux un temps de réclusion appelé «temps de marge», pendant lequel ils les faisaient mourir symboliquement à l'enfance et leur enseignaient leur rôle de femme ou d'homme.

Plus d'une tradition spirituelle recommande cette période d'entre-deux faite de solitude, de silence et de méditation. Les néophytes se retirent de toutes leurs activités journalières, du flot envahissant d'informations, de leurs préoccupations, engagements sociaux, rôles et attentes imposés par l'entourage. Cette retraite dans la solitude et le silence leur permet de prendre conscience de leur identité et, éventuellement, de leur mission. Les grands personnages appelés à jouer une mission importante se sont ainsi donné un temps de «marge» pour répondre au «qui suis-je?» et réfléchir sur leur appel. Pensons à Jésus qui a passé quarante jours au désert pour prendre conscience de son identité de Fils de Dieu avant d'entreprendre sa mission.

Nature de la période de «marge»

Le mérite de William Bridges, c'est de mettre en valeur cette période d'entre-deux souvent oubliée par les «transitants» contemporains trop préoccupés à passer outre à leur deuil et à se lancer dans une nouvelle aventure. Il en parle comme de la «zone neutre», parce que rien ne semble s'y passer. D'ailleurs, les auteurs lui donnent plusieurs appellations: période de l'entre-deux, temps de la «marge», l'essentielle errance; plus poétiquement, on l'assimile à l'hiver. Elle semble en effet être un temps de froidure, figé, en apparence stérile et improductif.

Sur le plan psychologique, cette étape de transition en est une de flottement, d'inactivité apparente, de confusion même, de vide, d'incubation spirituelle et d'exploration. On y vit un malaise sourd; on s'accroche désespérément au passé ou on tente une fuite vers l'avant. On a l'impression de tourner en rond, de piétiner, de se retrouver devant rien; on a même le sentiment de n'être plus rien. En voici quelques exemples: on vient d'être congédié d'un emploi, de quitter un poste comportant un statut social particulier, de se séparer d'un conjoint, de laisser partir ses enfants ou encore de perdre sa santé. Désormais, on ne pourra plus se définir par ses relations sociales; on se retrouvera alors sans repères précis pour savoir qui on est au juste. Or, malgré les apparences, il s'agit d'un moment de grâce offert pour mieux se regarder et explorer son identité profonde.

Dans son ouvrage *Tant d'hiver au cœur du changement*, Michèle Roberge décrit ainsi la période de «marge»: «Plus je travaille, expérimente, vis, découvre et approfondis cette idée d'errance, cette saison de transition, plus je prends conscience de son caractère mystérieux, étonnant, déroutant et pourtant toujours fascinant» (1998: 119). Inconfortable, cette période fait habituellement peur. On préfère la nier ou l'enjamber. Elle a la particularité de créer un sentiment de vide, comme celui du trapéziste qui, ayant lâché un trapèze, attend l'autre qui tarde à venir. On vit un moment de désarroi, ne sachant pas à quoi s'accrocher pour résoudre sa crise identitaire.

Période difficile, mais nécessaire parce que féconde

Cette période de flottement, loin d'être inutile, est un passage obligé pour se retrouver et se réorienter. Par sa connaissance des étapes du changement, William Bridges lui a trouvé une fonction importante. Elle permet d'explorer son intériorité et d'y laisser monter le grand rêve de sa vie. Période féconde malgré les apparences de stérilité, il s'y produit une gestation durant l'hiver. C'est un temps où s'exerce une créativité mystérieuse. Comme toute œuvre de création, la découverte de sa mission dépend d'un temps de mûrissement nécessaire, d'incubation. Quand l'artiste bouscule son inspiration, il produit une œuvre superficielle qui tient du cliché; ainsi en est-il de la création de sa mission. Une personne doit demeurer longtemps dans la confusion avant d'avoir une idée originale et claire de sa mission.

Conseils pour bien vivre la période de «marge»

Les maîtres spirituels connaissent bien ce désert psychologique qui donne au sujet l'impression de mourir. Mais si on a la patience d'y demeurer, le désert se mettra à fleurir. Pour mieux gérer ce temps de «marge», plusieurs moyens sont recommandés:

- Faire une retraite, se donner un temps d'arrêt pour rompre avec les préoccupations quotidiennes.

- Se choisir un milieu calme, par exemple dans la nature où l'observation d'un cours d'eau, des plantes et des animaux suggère la patience.

- Choisir la solitude et, dans le silence, apprendre à dépasser le bavardage de son dialogue intérieur et à saisir les aspirations de son âme.

- Faire des exercices d'intériorité; tenir un journal; écrire son autobiographie; prier pour demander de l'aide, etc.

- Prier pour avoir une nouvelle vision de sa mission en laissant monter le rêve d'un idéal.

- Faire un pèlerinage. Le pèlerinage symbolise l'âme en marche en vue d'atteindre un but spirituel.

Des amis, qui ont marché plus d'un mois à l'occasion d'un pèlerinage à Saint-Jacques-de-Compostelle, m'ont confié avoir senti leur âme mise à nu, ce qui leur avait permis d'entrer en contact direct avec leur ombre, cette face cachée d'eux-mêmes. De fait, la période de l'entre-deux favorise l'émergence de l'ombre de la personnalité. Je propose ici certains exercices concrets d'exploration et de réintégration de l'ombre.

L'ombre, ce trésor enfoui par peur

Qu'est-ce que l'ombre?

L'ombre, c'est tout ce que nous avons refoulé dans l'inconscient par crainte d'être rejeté par les personnes importantes de notre vie. Nous avons réprimé certains comportements ou aspects de notre personnalité pour ne pas perdre leur affection, les décevoir ou les rendre mal à l'aise. Nous avons tôt fait de discerner ce qui était acceptable à leurs yeux, et ce qui ne l'était pas. Alors, pour ne pas leur déplaire, nous nous sommes empressés de reléguer de larges portions de nous-même dans les oubliettes de l'inconscient. Nous avons tout fait pour esquiver la moindre désapprobation verbale ou tacite de leur part.

L'ombre est l'antithèse du moi idéal appelé *persona*, cette faculté d'adaptation qui pousse toujours à répondre aux attentes du milieu et, plus précisément, à celles de ses éducateurs. La *persona* croit nécessaire de refouler des aspects importants de sa personnalité dans l'inconscient ou, pour s'exprimer comme le poète Robert Bly, dans son «sac à déchets». Celui-ci affirme que, jusqu'à la trentaine, on remplit son sac pour plaire aux autres et se faire accepter d'eux. Et après, on doit le vider et récupérer tout ce qu'on y avait refoulé.

L'ombre et la mission

L'ombre détient la clé de la mission d'une personne. Elle est plus près de son Centre que la *persona* qui, elle, est tournée vers les attentes de l'entourage. Plus proche du Soi, l'ombre reflète davantage les aspirations du moi profond. Pour acquérir une meilleure connaissance de son être, il est important de retirer du «sac à déchets» les parties de soi non développées, ignorées ou rejetées. C'est à cette condition qu'on découvre les désirs profonds de son être et, en conséquence, ce à quoi on est appelé comme individu.

La réintégration de l'ombre, un atout
pour la recherche de sa mission

L'exercice de réintégration de l'ombre vise moins à faire découvrir qui *je suis*, qu'à faire connaître qui *nous sommes* avec nos sous-personnalités. Nous sommes en effet des êtres pluriels. Vous avez certes le sentiment d'avoir une personnalité unique. Mais vous vous surprenez parfois, au contact de diverses personnes, à n'être plus tout à fait vous-même. Un peu comme si vous revêtiez une autre personnalité. En réalité, vous êtes une personnalité polyvalente révélant divers aspects de vous-même suivant les situations et les circonstances.

L'obstacle le plus fréquent à la découverte de sa mission vient de la fragmentation de son identité en sous-personnalités. Chacune d'entre elles imposant sa direction, on disperse son énergie au lieu de la concentrer. C'est le cas par exemple de plusieurs jeunes adultes qui se sentent indécis, sollicités qu'ils sont par diverses voix: attentes du père, aspirations de la mère, désirs des amis, sollicitations de l'entourage, attrait pour la consommation, etc. Pour s'être trop mis à l'écoute des autres, ils ont cessé d'écouter la voix de leur orientation profonde. Il arrive aussi que des jeunes remplis de talents ne savent pas où donner de la tête devant l'abondance des options possibles. J'ai connu un jeune adulte qui n'arrivait pas à se décider, tellement il était divisé entre ses nombreuses aspirations: désir d'être prêtre, goût pour l'électronique, aptitude pour les arts. Il a fini par végéter, car pour lui choisir, c'était se limiter.

L'éparpillement constitue donc un obstacle majeur au discernement de sa mission. En revanche, l'effort que mettra la personne à faire converger ses sous-personnalités créera une synergie la rendant capable de révéler et d'éclairer sa mission, en plus de lui donner le courage de l'accomplir.

Pour une meilleure compréhension de l'ombre et de ses richesses, voici une série d'exercices permettant, dans un premier temps, de saisir et d'identifier les facettes de son ombre puis, dans un second temps, de les réintégrer. Ceux et celles qui désirent en apprendre davantage sur le sujet pourront consulter mon ouvrage *Apprivoiser son ombre, le côté mal aimé de soi.*

Connaissance de l'ombre

Faire la connaissance de l'ombre qui s'est cristallisée dans son inconscient pendant plusieurs années n'est pas une mince affaire. Il arrive souvent qu'en s'approchant d'elle on se sente confus et quelque peu désorienté. Il faut procéder à ce travail avec précaution et humilité, l'entreprendre quand on se sent en équilibre émotionnel et, si possible, accompagné d'une personne de confiance.

Voici une série de questions qui vous aideront à tracer le profil des divers aspects de votre ombre. Inscrivez vos réponses dans votre cahier. Vous pourrez ensuite les résumer dans votre Journal des découvertes de votre mission.

Première question

Quels sont les aspects les plus flatteurs de votre moi social que vous aimeriez voir reconnus par les autres? Une fois que vous aurez repéré l'un ou l'autre de ces aspects de votre *persona*, demandez-vous quelle qualité ou trait de caractère vous avez dû réprimer afin d'être apprécié et aimé. Par exemple: si vous avez souhaité être reconnu comme une personne douce, généreuse et souriante, vous avez fort probablement dû dissimuler votre agressivité, votre égocentrisme et vos accès de mauvaise humeur. Ces qualités ou traits de caractère que vous avez été porté à mettre en veilleuse forment autant de facettes de votre ombre.

Osez maintenant en reconnaître la valeur et la légitimité. À cette fin, dites-vous: «J'ai le droit d'être combatif; j'ai le droit de rechercher mon bien; j'ai droit à ma mauvaise humeur.» Tout en faisant ces déclarations, restez attentif aux émotions que vous ressentirez. Elles seront très diverses. Certains se diront: «Je me sens confus»; d'autres: «Je me sens coupable et honteux»; d'autres encore: «Je me sens plein d'énergie». Avec cet exercice, vous aurez commencé à apprivoiser votre ombre.

Deuxième question

Quel(s) sujet(s) de discussion avez-vous tendance à éviter dans vos conversations? Serait-ce la sexualité, l'agressivité, la foi, les ambitions, l'incompétence, etc.? Chose certaine, les sujets que vous esquivez révéleront votre peur de dévoiler un côté de vous-même que vous jugez gênant. À moins de vous sentir en pleine confiance avec votre interlocuteur, vous vous sentirez très mal à l'aise d'aborder de tels sujets. Par ailleurs, le jour où vous parviendrez à le faire avec une personne discrète et digne de confiance, vous aurez commencé à «grignoter» un peu de votre ombre.

Troisième question

Dans quelles situations vous sentez-vous devenir nerveux, hypersensible et sur la défensive? Quel type de remarques vous fait sursauter?

La vivacité de votre réaction vous étonne-t-elle vous-même? Si oui, c'est signe qu'on vient de piétiner un coin de votre ombre, une zone de vous-même que vous ne voulez pas révéler. Votre sentiment d'inconfort ou votre réaction excessive démontrent à l'évidence que l'on vient de dévoiler une partie de vous-même que vous teniez à garder secrète.

Quatrième question

Dans quelles circonstances vous sentez-vous inférieur ou avez-vous le sentiment de manquer de confiance en vous-même? Vous arrive-t-il de ne pas vous sentir adéquat, c'est-à-dire pas assez compétent, articulé, intelligent, discret? C'est là le signe d'une ombre qui veut faire surface.

Au cours de mes années d'études, j'ai eu à vivre dans un groupe composé principalement d'artistes. Je m'expliquais mal le malaise constant que j'y éprouvais, jusqu'au moment où j'ai pris conscience que j'avais négligé et même refoulé ma propre expression artistique.

Cinquième question

Êtes-vous porté à vous offusquer d'une critique faite à votre endroit? Quel genre de critiques vous agace, voire vous irrite?

Votre vive réaction signale qu'une facette de votre ombre vient d'être mise à nu. Si vos proches vous font souvent la même critique et que chaque fois vous réagissez tout aussi vivement, c'est signe qu'ils révèlent un aspect de vous-même que vous avez occulté et que vous ne tenez pas à montrer.

Une autre explication possible de votre réaction excessive serait que vous auriez eu l'impression d'être le «bouc émissaire» d'un groupe de personnes. Dans ce cas, il y aurait lieu de vous demander ce qui, chez vous, a pu inciter votre entourage à faire de vous le dépositaire de l'ombre collective du groupe.

Sixième question

À propos de quoi vous sentez-vous bouleversé ou insatisfait de vous-même? Serait-ce, par exemple, au sujet de votre apparence physique ou d'un de vos traits de caractère? Si oui, il est probable que vous cherchez à dissimuler une quelconque déficience réelle ou quelque chose que vous considérez comme une faiblesse. Il est fort probable dans ce cas que votre *persona* vous impose un idéal de réussite, de beauté ou de perfection que vous jugez impossible à atteindre.

De toute façon, l'acceptation de vos imperfections, de vos défauts, de vos déficiences et de vos erreurs démontrera que vous avez commencé à apprivoiser votre ombre. Ne seriez-vous pas par là en train d'acquérir un début de sagesse qui a pour nom l'humilité?

Septième question

Par quel trait votre famille se distinguait-elle des autres dans votre milieu? Chaque famille a le sien. Ainsi, on dira des Monbourquette: «Ce sont des gens honnêtes»; des Tremblay: «Ils sont courageux»; des Allard: «C'est une famille de travailleurs»; des Royer: «Ils sont hospitaliers». Pour connaître votre ombre familiale, repérez le trait opposé à celui que l'entourage prête à votre famille. Par exemple, pour qu'une famille puisse maintenir sa réputation d'honnêteté, il lui aura fallu renoncer à user de débrouillardise ou de diplomatie; pour conserver celle de gens courageux, elle aura dû réprimer toute manifestation de peur; celle de famille travailleuse, elle aura eu à se priver de loisirs. Quant aux Royer, pour continuer à passer pour hospitaliers, ils auront dû renoncer à préserver leur intimité familiale comme ils auraient aimé le faire.

Vous reconnaîtrez votre ombre familiale aux comportements que votre famille ne s'est pas permis d'avoir et d'exprimer.

Huitième question

Une personne vous tape sur les nerfs, vous énerve, vous agace jusqu'à l'obsession? À coup sûr, vous êtes en train de projeter sur elle une partie de votre ombre.

Prenez le temps de bien identifier chez cette personne la facette de sa personnalité qui suscite chez vous une telle antipathie. Pour y arriver, observez de près de quelle façon cette caractéristique vous gêne et vous irrite. Par exemple, vous abhorrez la vulgarité d'une personne; c'est qu'elle contrarie votre goût de la distinction et de la discrétion. Demandez-vous alors si vous n'auriez pas avantage, pour pallier une trop grande sensibilité et une politesse excessive, à apprendre à être plus direct et plus simple dans l'affirmation de vous-même. Non pas que vous deviez tomber dans la vulgarité, mais plutôt vous exercer à une plus grande franchise quand vous abordez les gens. Tout en conservant votre distinction et votre politesse, vous devrez équilibrer les excès de ces qualités par plus de confiance en vous et même plus d'aplomb. Vous deviendrez alors une personne plus complète que parfaite.

Réintégration de l'ombre

Sans doute serez-vous parvenu à reconnaître en vous plusieurs facettes de votre ombre. Je vous propose maintenant de prendre des moyens de les réintégrer. Je vous encourage à prendre votre temps et à faire la réintégration d'un seul aspect de votre ombre à la fois.

• Une première condition requise pour opérer la réintégration d'une facette de l'ombre, c'est de pouvoir la nommer. Quand vous lui aurez donné un nom, vous serez surpris d'avoir une meilleure prise sur elle. L'identifier est déjà un moyen de l'accepter. Une ombre ignorée devient méchante et agressive; en revanche, si elle est reconnue et acceptée, elle deviendra une précieuse alliée.

Ce qui, dans votre ombre, vous paraissait jusqu'alors «démoniaque» et menaçant se changera en *daïmon*, c'est-à-dire en bon génie favorable à votre croissance et à la pleine réalisation de vous-même. Ce fut pour moi un précieux atout que de faire la rencontre en moi de mon côté ignorant, celui qui ne connaît pas encore tout, mais qui est avide de le faire. J'ai pu ainsi concilier mon côté «omniscient» avec mon côté «ignorant». Ils ont cessé de se faire la guerre, contribuant tous deux à ma croissance.

• Un deuxième moyen pour réussir la réintégration de l'ombre consiste à imaginer un dialogue avec une personne qui vous est antipathique ou qui vous énerve. D'abord, adressez-vous à elle et exprimez ce que vous n'aimez pas ou ce qui vous fait peur chez elle. Ensuite, mettez-vous à sa place pour répliquer. Peu à peu, vous aurez l'impression d'établir une relation de coopération avec elle. Poursuivez en cherchant même à négocier un échange de qualités ou de traits de caractère avec elle. Par exemple, si la personne antipathique est très combative, demandez-lui de vous donner un peu de sa combativité; de votre côté, offrez-lui d'emprunter de votre douceur et de votre docilité.

Une fois ces échanges terminés, remerciez-la de vous avoir appris des éléments susceptibles d'enrichir votre propre personnalité. Cette manière de faire vous apprendra non seulement à respecter votre «ennemi», mais vous fournira une occasion de grandir.

• Une troisième stratégie de réintégration de son ombre consiste à créer deux symboles opposés que vous unirez dans un troisième intégrant les deux premiers. Cet exercice s'inspire de la théorie de Berta.

En voici les étapes.

1. Création du premier symbole

Trouvez un symbole (animal, objet, personnage mythique ou fictif) exprimant ce que vous aimeriez être si vous étiez dans un autre monde et dans une autre vie.

Décrivez ses caractéristiques. Pour un bélier de montagne, par exemple, vous direz qu'il est agile, fier, noble, combatif, etc.

2. Création du deuxième symbole

Trouvez un symbole (animal, objet, personnage mythique ou fictif) exprimant ce que vous n'aimeriez pas être si vous étiez dans un autre monde et dans une autre vie? (Ce deuxième symbole correspond à votre ombre.)

Décrivez ses caractéristiques. Pour un chien de ruelle, par exemple, vous direz qu'il est sale, désemparé, affamé, peureux, soumis, etc.

3. Demandez à votre Soi — le centre de la personnalité qui peut harmoniser les pôles psychiques — de faire la synthèse de ces deux symboles.

Étendez les bras de chaque côté de votre corps à la hauteur de vos épaules, en regardant vos mains l'une après l'autre. Imaginez voir votre premier symbole positif (par exemple le bélier de montagne) dans votre main droite.

Imaginez ensuite voir le deuxième symbole négatif (par exemple le chien errant) dans votre main gauche.

Tout en mettant du temps à unir vos deux mains, demandez à votre Soi intérieur, votre Centre divin, de faire l'intégration des deux symboles et de vous fournir le symbole qui intégrerait les deux premiers.

Plusieurs participants qui s'adonnent à cet exercice réussissent à voir mentalement un troisième symbole «intégrateur». Ils sont cependant surpris de constater que le nouveau symbole revêt souvent un caractère sacré ou religieux. Ils assistent à une création de leur Soi harmonisant les deux symboles apparemment opposés. Le troisième symbole crée habituellement en soi beaucoup de calme, de sérénité et d'harmonie.

* * *

Pour Gregg Levoy, la fréquentation de son ombre est une aide précieuse dans la découverte de sa mission enfouie dans son mystère personnel: «Nous laisser tomber en chute libre dans la mer de notre psyché à la poursuite de nos rêves et de nos passions, être descendu dans le puits de notre inconscient, avoir échangé son histoire avec celle de nos hommes-singes et avoir passé du temps à dialoguer avec nos démons et nos *daïmons* intérieurs a pour effet de nous rendre moins effrayés par notre obscurité intérieure» (1997; 323-324).

La récupération des énergies de son ombre contribue à donner une vision plus claire de sa mission et à rendre plus accessible sa réalisation. «Toutes les fois, écrit le même auteur, que nous honorons un appel, nous apaisons la peur qui se tient cachée en nous...»

7

La recherche de son identité

L'aiglon qui se croyait une poule

Un promeneur en montagne découvrit un nid
d'aigle abandonné où il trouva un œuf. Il le prit
avec délicatesse et le confia à un fermier,
dans l'espoir de le faire couver par une poule.

Peu de temps après, naquit un aiglon parmi une
couvée de poussins. La poule en prit soin et
l'éleva comme le reste de ses rejetons.
Un jour, il vit un aigle planer dans le ciel.
Il dit tout haut: «Quand je serai grand,
je volerai comme cet oiseau.» Il s'attira
le ridicule des autres poussins qui déclarèrent:
«Tu es une poule comme nous!» Tout honteux,
l'aiglon continua de se comporter comme
une poule et de picorer des grains.

Voyant grandir l'aiglon, le fermier voulut
le faire voler. Le prenant dans ses mains,
il le lança dans les airs. Mais l'aiglon,
convaincu qu'il ne pouvait voler, n'ouvrit pas

*les ailes. Il atterrit maladroitement sur le sol,
provoquant un fou rire général
dans la basse-cour.*

*Un peu plus tard, le fermier fit un second essai.
Cette fois, il monta sur le toit de la grange avec
l'aiglon et il le lança dans le vide en disant:
«Vole, tu es un aigle!» Timidement, l'oiseau
ouvrit les ailes et se mit à planer au-dessus de la
basse-cour avant de s'envoler vers la montagne.*

Identité et mission vont de pair. Toute ignorance ou méconnais-
sance de soi entrave la découverte de sa mission. Rappelons que le
mot *identité* vient du latin *idem*, qui signifie «le même». L'identité
renvoie à ce qui demeure le même, à ce qui est stable et permanent
à travers les changements et les vicissitudes de la vie d'une personne.

À la suite du vide créé par le lâcher prise, la question du «Qui
suis-je» émerge et se fait de plus en plus pressante. Dans la période
d'entre-deux ou de «marge», on voit poindre une crise d'identité;
on ne peut plus se définir par ses relations, son travail, sa fonction,
son statut social, ses richesses, sa réputation, etc. Dépouillé de ses
attributs extérieurs, on est seul avec soi pour découvrir qui on est.

Déjà, un travail de décapage de ses fausses identités a été amorcé
par le lâcher prise du deuil et du pardon des offenses. Du même
coup, on s'est trouvé davantage en contact avec son vrai Moi (le
Soi), son identité profonde porteuse de sa mission.

Carl Jung voyait dans le «devenir Soi-même» le but de toute
démarche psychologique. Pour lui, la connaissance de soi passait
par le dialogue du moi conscient avec le Soi inconscient, le centre
spirituel. Le Soi se laisse saisir non pas directement, mais par ses
manifestations conscientes: rêves, rêveries, projections, imageries
mentales, intuitions, etc. La perception du Soi exige donc un travail

de réflexion sur les indices qu'il fournit; ce travail permettra de discerner la présence du Soi et d'entrevoir son orientation fondamentale, c'est-à-dire sa mission.

Voici deux séries d'exercices visant à mieux cerner la nature du Soi. La première suit une voie négative; elle consiste à «désidentifier» le Soi, c'est-à-dire à nier ce qu'il n'est pas. La seconde, qui suit la voie symbolique, aide la personne à être attentive aux images que le Soi veut bien lui révéler.

Premier exercice de «désidentification» ou de libération des identités superficielles

Nous l'avons vu, le Soi, l'identité profonde de la personne, ne se laisse pas découvrir pleinement par le moi conscient. Une première façon d'approcher le Soi consiste à dire ce qu'il n'est pas. C'est l'exercice de désidentification.

Dans un premier temps, compilez les qualités ou attributs que vous vous reconnaissez. Vous les placerez ensuite dans des catégories qui vous définissent, des aspects les plus extérieurs de vous-même jusqu'aux plus intérieurs. Cet exercice vise à mettre de l'ordre dans les perceptions que vous avez de vous-même.

• Au centre d'une feuille de papier, inscrivez votre nom puis encerclez-le. Pendant une dizaine de minutes, répétez-vous la question: «Qui suis-je?» Chaque fois que vous posez la question, répondez-y par un mot ou deux.

Évitez de censurer vos réponses; laissez-les jaillir spontanément et inscrivez-les immédiatement autour de votre nom. Si une réponse tarde à venir, inscrivez «bloqué» et continuez de vous questionner. Même si vous pouvez faire seul cet exercice, il est préférable de le vivre avec une personne qui vous répète: «Qui es-tu?»

Exemple:

- Une fois la démarche terminée, placez les mots que vous avez choisis sous l'une ou l'autre des catégories suivantes.

Première catégorie

Renvoie au travail, à la fonction, au statut social. Pour mon exercice, j'y placerais les mots suivants: citoyen canadien, professeur, écrivain, animateur, fils d'Henri.

Deuxième catégorie

Regroupe sans distinction les traits de caractère positifs et négatifs. Exemples: timide, fidèle, sensible, susceptible, affectueux, amical.

Troisième catégorie

Embrasse les idéaux spirituels qu'on appelle les «archétypes». Ils ne représentent pas seulement un travail ou une fonction sociale, mais des idéaux qui tiennent à cœur. Exemples: prêtre, accompagnateur spirituel, thérapeute, aidant.

Quatrième catégorie

Se rapporte à l'identité propre de la personne. Peu de mots entrent dans cette catégorie. Dans mon cas, je n'en ai trouvé que trois: Jean, moi, homme. Par ailleurs, je m'empresse de faire remarquer que le mot *homme* ne rend pas tout à fait justice à ce je suis, parce qu'il ne tient pas compte de l'aspect féminin de mon être.

• Une fois la répartition complétée, reprenez chacun des qualificatifs en vous les attribuant. Pour les trois premières catégories, employez le verbe *avoir*. Réservez l'emploi du verbe *être* à la quatrième catégorie.

Exemples:

1. J'ai la citoyenneté canadienne, j'ai une carrière de professeur, j'ai un rôle d'animateur, j'ai un lien filial avec Henri, mon père, etc.

2. J'ai de l'amitié, j'ai de la fidélité, j'ai de la susceptibilité, etc.

3. J'ai la vocation sacerdotale, j'ai une mission d'accompagnateur spirituel, etc.

4. Je suis moi; je suis un homme; je suis Jean.

Demandez-vous ensuite ce que vous avez ressenti en substituant le verbe *avoir* au verbe *être*. Souvent, les gens qui vivent cet exercice se sentent plus libres et dégagés; ils réalisent qu'ils ne se laissent plus identifier à des attributs qui ne décrivent pas ce qu'ils sont en vérité. Ils ont ainsi appris à pratiquer la «désidentification», c'est-à-dire à se libérer de leurs identités superficielles.

L'emploi du verbe *être* doit être strictement réservé à la description de son identité. Trop souvent, ce verbe est improprement employé. En découlent des identités qu'on attribue faussement aussi bien à soi-même qu'à autrui. Ainsi, on dira à mauvais escient: «Je suis un alcoolique»; «Je suis un menteur»; «Tu es un paranoïaque». Il serait plus juste et plus libérant de dire: «J'ai une tendance à abuser de l'alcool»; «Je raconte parfois des mensonges»; «Tu as des attitudes paranoïaques».

Second exercice de «désidentification»

Ce second exercice de *désidentification* permet d'«intuitionner» son identité réelle. La psychosynthèse le considère comme un exercice capital. Il vise à dépouiller la personne de tout ce qui n'est pas l'essentiel du Soi, son identité propre. Il équivaut donc à un lâcher prise des fausses identités dont elle s'est affublée, croyant à tort qu'elles étaient des parties intégrantes de son être.

Si vous êtes seul pour vivre l'exercice, il serait utile d'enregistrer le texte qui suit sur cassette. L'écoute de celle-ci vous dispensera de lire pendant l'exercice et favorisera une meilleure concentration. Il vous appartient de le personnaliser à votre gré.

Installez-vous confortablement. Prenez le temps d'entrer à l'intérieur de vous-même. Fermez les yeux. Laissez se dénouer les tensions de votre corps.

Demeurez en contact avec votre respiration, inspirations et expirations. Vous entrerez ainsi plus profondément à l'intérieur de vous-même.

Vous n'avez pas à faire d'effort ou à chercher à comprendre; laissez-vous tout simplement emporter au fil des paroles.

J'ai un corps, mais je ne suis pas mon corps.

Des milliers de cellules de mon corps meurent tous les jours, tandis que des milliers d'autres renaissent. Mon corps change et vieillit, mais moi, je demeure stable. Il évolue sans cesse, mais moi, je suis toujours le même.

Je suis conscient d'avoir de multiples sensations, mais je ne suis pas mes sensations; elles changent continuellement, mais moi, je demeure qui je suis.

J'ai des douleurs, mais je ne suis pas mes douleurs.

Les douleurs évoluent, vont et viennent, mais je demeure toujours le même.

J'ai des émotions, mais je ne suis pas mes émotions.

J'ai des frustrations, mais je ne suis pas mes frustrations.

J'ai des craintes, mais je ne suis pas mes craintes.

J'ai des préoccupations, mais je ne suis pas mes préoccupations.

Mes émotions, mes frustrations, mes craintes, mes préoccupations vont et viennent sans cesse, mais moi, je demeure immuable.

J'ai dans la tête des images, des fantasmes, mais je ne suis ni ces images ni ces fantasmes. Ces images et ces fantasmes apparaissent et disparaissent, mais moi, je demeure inchangé.

J'ai des idées, mais je ne suis pas mes idées.

Elles évoluent sans cesse, mais moi, je suis toujours identique à moi-même.

J'ai des désirs et des espoirs, mais je ne suis ni mes désirs, ni mes espoirs; ceux-ci changent et évoluent, mais moi, je suis toujours le même.

J'ai une volonté et une intelligence, mais je ne suis ni ma volonté, ni mon intelligence. Ces facultés se développent ou s'affaiblissent, mais moi, je ne change pas.

J'ai un cœur et des amours, mais je ne suis ni mon cœur ni mes amours. Mon cœur et mes amours sont sujets à des fluctuations, mais moi, je ne subis aucune fluctuation, car je demeure le même.

J'ai subi des pertes dans ma vie, j'ai des deuils à résoudre, mais je ne suis ni mes pertes, ni mes deuils. J'oublierai mes pertes et je guérirai de mes deuils, mais, à travers ces changements, je serai toujours le même moi.

Je suis plus que mon corps, plus que mes émotions, plus que mes facultés, plus que mes amours, plus que mes deuils.

Moi, je suis...

Gardez maintenant le silence pendant quelques minutes. Vous éprouverez un sentiment de paix et de tranquillité. Ce sera le signe que vous êtes présent à votre identité réelle, à vous-même, à votre Soi.

À votre propre rythme, prenez le temps de revenir à votre monde extérieur et de reprendre contact avec ce qui vous entoure.

Voici quelques conséquences bienfaisantes de cet exercice de désidentification. Si j'ai une migraine, par exemple, il est important de ne pas m'identifier à elle comme si tout mon être était devenu une migraine. Je dirai donc: «J'ai une migraine, mais je ne suis pas ma migraine.» Faire cette distinction favorise une meilleure maîtrise de sa douleur. La même règle s'applique dans le domaine émotionnel. À l'occasion d'une déception, en me disant: «J'ai une déception, mais je ne suis pas ma déception, car je suis plus que ma déception», je me «désidentifie» d'elle. J'évite donc de croire ou de laisser croire que tout mon être n'est que tristesse ou peine. Cet exercice permet de créer à l'intérieur de soi un espace de paix intérieure et de liberté vis-à-vis d'un mal physique ou d'un état d'âme pénible.

Exercice complémentaire

On peut accompagner cet exercice du geste rituel suivant: vous tenez en main une branche couverte de feuilles et, à mesure que l'exercice se déroule, vous arrachez une feuille que vous laissez tomber par terre. À la fin, tout ce qui vous reste dans la main, c'est la branche nue, symbole du Soi. Prenez le temps de contempler la branche dépouillée de ses feuilles.

La symbolisation de mon être authentique

La connaissance du Soi, de son identité profonde, ne se fait pas d'une façon logique et rationnelle. En grande partie inconsciente, elle s'effectue à travers nos rêves de jour et de nuit, nos fantasmes, nos intuitions spontanées, nos inspirations, nos projections, etc. Ce sont là autant de messages transmis par le Soi sous forme symbolique, sortes de lueurs perçant la nuit de l'inconscient.

Pour avoir une meilleure connaissance de son Soi, Carl Jung recommande d'utiliser l'*imagination active*, afin d'établir un dialogue entre le conscient et l'inconscient. Le premier temps de ce processus mental consiste à rendre le conscient attentif aux messages symboliques de l'inconscient; dans un deuxième temps, le conscient utilise ces symboles pour leur donner de l'expansion et les interpréter. Voici un exemple d'imagination active, par lequel l'esprit bâtit un dialogue d'éléments symboliques fournis par l'inconscient. Une personne se rappelle avoir rêvé à un serpent; elle se demande ce que signifie ce message symbolique de son inconscient. Elle entreprend alors un dialogue avec le serpent-symbole et le fait parler de ses besoins et de ses exigences. Le rêveur lui-même s'exprime à son tour sur ses besoins et fait des demandes au serpent. Il s'établit alors un travail de collaboration entre le rêveur et le symbole du serpent. La personne apprend à se connaître en écoutant et en interprétant le message du Soi.

Je vous propose maintenant quelques exercices qui s'inspirent de l'*imagination active*. Il s'agit de laisser monter en vous des images symboliques avec lesquelles vous entrerez en dialogue. Ces petites incursions à l'intérieur de votre monde imaginaire vous donneront peu à peu accès à votre identité.

Premier exercice: retracer les histoires qui ont enchanté votre vie

Les histoires et les contes qui vous ont charmé depuis l'enfance n'ont pas uniquement servi d'amusement. Ils ont été autant de filtres permettant de mieux vous connaître. Ils vous ont révélé des façons d'être, de vous comporter et d'envisager la vie. Ils ont façonné votre perception du réel, contribué à l'interprétation de vos expériences et influencé votre conduite et, par la suite, votre orientation. Les personnages de ces histoires, ainsi que leur mission, ont exercé et exercent encore sur vous une nette fascination. Ils révèlent diverses facettes de votre personnalité.

1– Dans un endroit paisible, entrez en vous-même. Rappelez-vous une histoire qui vous a particulièrement passionné dans votre enfance. Résumez-la en quelques phrases (six à huit).

2– Toujours dans un endroit paisible, entrez en vous-même. Rappelez-vous une histoire qui vous a particulièrement passionné dans votre adolescence ou même dans la vingtaine. Résumez-la en quelques phrases (six à huit).

3– Dans un endroit paisible, entrez en vous-même. Rappelez-vous une histoire qui vous a enchanté récemment (récit, pièce de théâtre, film, etc.) et qui vous fascine encore. Résumez-la en quelques phrases (six à huit).

4– Seul ou avec deux ou trois autres personnes, redites les résumés de ces trois histoires. Posez-vous les questions suivantes.

À quel personnage ou héros de l'histoire me suis-je identifié aux différents âges de ma vie? L'image que je me faisais des héros a-t-elle évolué d'une histoire à l'autre?

Qu'est-ce que ces histoires me révèlent sur l'évolution de mes valeurs, de mes croyances, de mes rapports avec les autres et sur le choix de mes modèles?

Qu'est-ce que ces histoires me révèlent sur mon évolution psychospirituelle?

Deuxième exercice: découvrir vos valeurs profondes

Cet exercice vise à vous aider à découvrir les aspirations profondes de votre âme. Pour y arriver, vous observerez des héros historiques ou mythiques pour qui vous avez une grande admiration.

* Nommez cinq personnages (héros, saints, spirituels, hommes et femmes admirables, etc.) qui suscitent en vous une grande admiration.

* En quelques mots, exprimez ce qui vous passionne chez chacun de ces personnages.

* Demandez-vous maintenant si cette description correspond à celle que vous seriez porté à faire de vos propres désirs et aspirations. Le fait d'admirer telle ou telle qualité ou vertu chez un personnage est un bon indice que vous la possédez déjà ou que, du moins, vous désirez la posséder.

Ce que vous aurez appris sur vous-même par cet exercice vous servira à définir vos archétypes (p. 121).

Troisième exercice: nommer les symboles représentant le mieux votre identité

1– À partir des catégories suggérées, identifiez les deux symboles qui décrivent le mieux votre identité.

À quel animal, plante, fleur, arbre aimeriez-vous ressembler?

À quel véhicule de transport aimeriez-vous vous identifier?

À quel paysage aimeriez-vous vous identifier?

À quelle partie du corps désireriez-vous vous identifier?

Autres types de symboles possibles: meubles, édifices, climat, etc.

2– Décrivez en détail vos deux symboles. Voyez dans quelle mesure ces descriptions coïncident avec votre personnalité.

Une variante intéressante du même exercice s'appelle *ombres chinoises*. Elle peut se jouer à trois personnes, que nous nommerons A, B et C.

• A présente à B une catégorie de symboles. Il lui demande par exemple de choisir une espèce d'arbre.

• B nomme une espèce d'arbre, un orme par exemple, et se met à le décrire. C prend en note les traits que B attribue à son symbole et lit le résumé de la description. Par exemple: «Mon orme est grand et fort; il est isolé dans un champ; son feuillage offre l'hospitalité aux oiseaux; il protège de la pluie; parfois, il se sent seul et cherche la compagnie d'autres arbres; etc.»

• Une fois la description du symbole terminée, C dit à B: «Tu es grand et fort; tu es isolé dans un champ; mais tu accueilles les oiseaux dans ton feuillage; etc.»

• On demande à B d'exprimer sa réaction à l'attribution de ces qualités. Puis, l'exercice se poursuit: B présente à C une catégorie de symboles, et A agit à son tour comme secrétaire.

Quatrième exercice: identifier la ou les qualités qui font de vous un être original et unique au monde

En publicité, on s'efforce de mettre en relief les aspects utiles d'un produit. On le fait en le comparant à d'autres produits semblables, en prenant soin de souligner son mérite exclusif. Exemple: voici un nouveau comprimé qui combat l'acidité gastrique *plus rapidement* que tous les autres antiacides. Tel savon lave plus blanc que blanc et dégage une fraîcheur de propreté; l'ajout de cristaux bleus en fait un détergent puissant.

- Si vous aviez à vous faire valoir en vue d'obtenir un emploi, sur lesquelles de vos qualités mettriez-vous l'accent: l'intelligence, la persévérance, la serviabilité, l'attention aux personnes, l'humour, la délicatesse, la puissance, la loyauté, etc.?

- Décrivez en trois lignes ce qui fait de vous un être unique au monde.

* * *

Bien d'autres exercices permettent de mieux cerner son identité. J'ai choisi de présenter ici les plus pertinents, qui visent à dégager les traits permanents de la personnalité. Le «Connais-toi toi-même», ce célèbre précepte inscrit sur le portail du temple de Delphes, constitue un atout essentiel pour dégager le désir de l'âme.

8

Stratégies pour découvrir sa mission

Alice se promène au pays des merveilles.
Charmée, elle va d'une découverte à l'autre.

Or, voici qu'elle arrive au croisement de deux
chemins. Elle s'arrête et se demande lequel
elle devra prendre. Elle ne sait que faire.

Soudain, elle aperçoit un lièvre. Elle court
à sa rencontre et lui dit: «Je me retrouve
au croisement de deux chemins; pourriez-vous
me dire quel chemin je devrais prendre?»

Le lièvre lui demande alors:
«Où voulez-vous aller?»

Haussant les épaules, Alice lui répond:
«Je ne sais pas!»

«Eh bien! Mademoiselle, lui réplique le lièvre,
vous pouvez prendre l'un ou l'autre chemin.»

Inspiré du conte *Alice aux pays des merveilles*

Le progrès réalisé dans la connaissance de soi permet maintenant d'aborder la question: «Qu'est-ce que je veux faire de ma vie?»

Le discernement de sa mission est un travail qui requiert réflexion, étude, patience et intuition. Il s'agit de découvrir les signes de cette mission et d'en déceler les points de convergence. Cette tâche ressemble à la composition d'une mosaïque. Alors que l'artiste colle les unes aux autres des petites pièces de tuile, un observateur sur le chantier ne peut pas s'imaginer le dessin qui en résultera. Mais au fur et à mesure que l'artisan rassemble les pièces, l'observateur voit peu à peu émerger le motif final.

Le présent chapitre et le suivant suggèrent certaines stratégies visant à reconnaître sa mission. Il se peut qu'une seule suffise. Mais il est habituellement préférable d'avoir recours à plusieurs stratégies. En effet, de la convergence des résultats surgira une idée plus précise de la mission.

Il ne faut cependant pas se leurrer. On ne s'invente pas une mission, on la laisse se révéler à soi. Les stratégies utilisées pour découvrir sa mission ne sont que des moyens facilitant la réflexion et la méditation sur les réalités intérieures telles que les passions, les appels intérieurs, les visions, les intuitions, les enthousiasmes, les fantaisies, les rêves, les intérêts, les désirs, les symptômes physiques, etc.

La découverte de sa mission n'est donc pas le fruit d'une activité purement rationnelle et elle n'en a ni la clarté ni la précision. Jack Kornfield, dans *A Path With Heart*, le rappelle. On doit «entrer en dialogue avec son cœur» et se poser les vraies questions sur l'utilisation de son temps, de ses forces, de sa créativité et de ses amours. Travail de patience et d'intériorité, au milieu de doutes, de tiraillements, d'alternance de ferveur et de peur. Les stratégies visant à découvrir sa mission ne dissipent pas toutes les incertitudes à son sujet ni n'exemptent de prendre des risques.

Votre histoire, la matrice de votre avenir

Votre vie dans son ensemble

Le passé est annonciateur de l'avenir, et ses lignes directrices aideront à la découverte de votre mission. En rappelant votre histoire personnelle, vous raconterez le travail profond de votre âme et vous prendrez peu à peu conscience des appels intérieurs restés souvent ignorés ou oubliés. En anglais, «se rappeler» se traduit par *to remember*; *re-member* signifie «replacer ce qui avait été démembré ou dispersé». Le retour sur votre histoire permet donc de «replacer» dans un ensemble cohérent les morceaux du casse-tête de votre vie: souvenirs épars, désirs inassouvis, réalisations et projets abandonnés. Peu à peu commenceront à poindre les inclinations de votre mission qui, à la façon de la couture d'une étoffe, apparaît et disparaît tout au long de votre histoire.

Après avoir complété la reconstruction de votre passé, vous examinerez vos passions, vos tendances, vos intérêts persistants, vos rêves réalisés ou abandonnés. Vous pourrez ainsi mieux discerner les élans et les efforts de votre âme qui cherche à accoucher de sa mission.

Reconstruction de votre histoire

Les directives qui suivent vous permettront de procéder de façon systématique à la reconstruction de votre passé. Vous aurez besoin de grandes feuilles et de feutres de différentes couleurs.

- Inscrivez votre nom et votre date de naissance au bas d'une feuille.

- Entrez en vous-même et retournez mentalement à l'âge de vos premiers souvenirs.

- Puis, pour chaque tranche de cinq ans de votre vie, résumez vos souvenirs par un mot ou deux.

- Écrivez spontanément, de bas en haut, sans chercher à vous censurer. Choisissez une couleur spécifique pour chacune des catégories suivantes.

Les événements personnels: éducation, scolarité, jeux, santé, événements heureux et malheureux, maladies, déménagements, etc.

Les événements relationnels: frères et sœurs, amis, naissance, décès, amitiés, fins d'amitié, amours, chagrins d'amour, groupes d'appartenance, etc.

Les réalisations personnelles: études, travail, emplois, succès scolaires, production de toutes sortes, échecs, responsabilités sociales, honneurs, etc.

- De retour à votre âge actuel, continuez à écrire spontanément ce que vous désirez être et faire.

Réflexion sur les principales tendances de votre vie

- Affichez sur un mur les feuilles de votre révision de vie.

- Prenez une position confortable et observez le panorama de votre vie. Demandez-vous si vous n'avez pas oublié des événements importants. Si vous êtes accompagné par quelqu'un, faites ensemble la révision de votre vie en profitant des commentaires de l'autre personne.

- La première opération consiste à répertorier les événements et les aspirations qui ont tendance à se répéter. Examinez les pages décrivant votre histoire. Encerclez d'une couleur spéciale les événements qui vous semblent les plus marquants et récurrents dans le déroulement de votre vie (transitions, promotions, deuils, décisions, joies, peines, décisions majeures, etc.). Numérotez-les.

• Dans un deuxième temps, regroupez ces faits marquants en des catégories. Vous pouvez les rattacher à l'un ou l'autre des archétypes décrits ci-dessous.

Archétypes

Dans ce contexte, un archétype représente un type universel de personne ayant une mission ou une vocation particulière. Il signifie encore une façon dont la psyché a tendance à se réaliser dans les relations avec les autres.

Sans doute vous sentirez-vous davantage rejoint par l'un ou l'autre, ou par quelques-uns des archétypes de cette liste non exhaustive.

Le sage: le guru, l'homme ou la femme de bon conseil, le maître, le vieux ou la vieille sage, etc. Il possède une connaissance profonde des êtres. Il communique son expérience avec respect et considération.

Le chef: le roi, l'homme politique, le gouvernant, le chef d'entreprise, le chef d'orchestre, etc. Il aime mener et dominer; il a l'art de conduire les personnes. Il administre bien les affaires et réalise ses projets. Sa qualité principale est l'efficacité.

Le mentor: l'accompagnateur, le père (ou la mère) spirituel, l'éducateur attentif. Il sait encourager les personnes, leur montrer le chemin à suivre pour grandir. Il se réjouit des succès de ses disciples qu'il conduit avec respect et discrétion.

Le parent protecteur: celui qui prend soin des autres *(caregiver)*. Il peut être un parent aimant, un aidant attentif, un gardien, etc. Il est constamment attentif aux besoins des autres. Il veille à leur procurer le confort physique, psychologique et spirituel.

Le directeur: le professeur autoritaire, l'organisateur. Il aime les responsabilités qui font appel à sa qualité d'organisateur; il dicte les règles de bon fonctionnement; il enseigne les vraies manières de faire; il aime prendre les choses en main et mettre de l'ordre dans une situation chaotique.

Le guérisseur: le médecin, le chaman, le sorcier. Il s'intéresse à toutes les maladies et aux diverses guérisons, qu'elles soient d'ordre physique, psychologique ou spirituel. Il a une approche holistique. D'ordinaire, il est lui-même **un guérisseur blessé**: s'étant guéri lui-même, il connaît les conditions nécessaires à la guérison.

L'artiste: il est fasciné par tout ce qui est beau. Il est aussi critique d'art ou esthète. Parfois, il est lui-même **créateur**; désireux de produire, il fait appel à diverses disciplines artistiques.

Le chercheur: le scientifique, le savant, l'éternel questionneur. Il est curieux et il cherche à tout savoir; il s'applique à découvrir l'endroit et l'envers des choses.

Le disciple: l'éternel étudiant, le partisan, l'adepte, le fan. Il est sans cesse à la recherche d'un maître ou d'un guru. Il est dévoré par une soif insatiable de progresser sous la direction d'un maître.

Le magicien: il aime le merveilleux, le surnaturel et l'extraordinaire. Il désire acquérir la connaissance des lois naturelles et surnaturelles; il sait les manier.

Le psychologue: il s'intéresse aux comportements des humains et des animaux. Il cherche à découvrir leurs motivations conscientes et inconscientes. Il aime à interpréter les dynamiques internes des personnes, et spécialement le monde des rêves.

L'ambassadeur: le négociateur, le conciliateur, l'entremetteur, l'affairiste. Il se sent bien dans son rôle de médiateur. Il est éveillé et il sait découvrir et faire coïncider les besoins des parties concernées.

L'homme de la sauvagerie: le coureur des bois, le chasseur, le connaisseur des secrets de la nature. Toujours pratique et astucieux, il sait survivre dans la nature inhospitalière.

Le fou: le fou du roi, le filou, le joueur de tours, le bouffon, le caricaturiste, l'humoriste. C'est un personnage qui fait rire, mais, en le faisant, il révèle des vérités qu'on tient à garder secrètes pour ne point déplaire.

Le héros: c'est généralement quelqu'un qui se charge de sauver sa communauté, ne craignant pas d'affronter de graves dangers. Souvent naïf, courageux et innocent, il le fait d'une façon généreuse.

Le guerrier: le militaire, le soldat, le samouraï, le policier, le défenseur des droits, etc. Il est toujours prêt à combattre jusqu'à la mort pour défendre son peuple. Son audace est proverbiale. Il fait preuve d'une franchise brutale, car il ne peut pas se permettre de s'illusionner devant le danger que représente l'ennemi.

L'amoureux: il se distingue par sa chaleur humaine, son ouverture et son désintéressement. Entretenir l'amour ou l'amitié est la priorité de sa vie. Par ailleurs, on retrouve le type dégradé de cet archétype chez le don Juan, le *play-boy*, etc.

Le contemplatif: le mystique, le prêtre, le moine, etc. Sa vie est orientée vers la contemplation des réalités spirituelles et l'union à Dieu.

Le prophète: le devin. Il reconnaît les signes de la réalité dont l'existence échappe aux autres. Il interprète des signes actuels qui lui permettent de prédire l'avenir. Il perçoit entre les êtres des relations que les autres ignorent.

Le célébrant: le metteur en scène, le maître de cérémonie, le liturge, le cérémoniaire, le créateur de rituels, etc. Il se sent épanoui quand il dirige une cérémonie.

L'éternel enfant: le *puer æternus* ou la *puella æterna*, qui se reconnaît à son innocence apparente, sa gentillesse, sa dépendance. Le *puer æternus* aime à parler de spiritualité, mais il n'est ni constant ni persévérant dans ses relations ou dans un travail régulier qui demande renoncement et discipline. De compagnie agréable, il apporte au début une certaine excitation et fraîcheur dans ses relations. Courtisan, il sait manipuler les autres à ses propres fins.

Une fois que vous aurez regroupé les faits marquants de votre vie et identifié les archétypes correspondants, vous aurez une meilleure idée de votre mission. Les archétypes étant des réalités sociales, ils décrivent l'orientation de vos charismes.

Les rêves de l'adolescence

> *Les rêves de la jeunesse non réalisés*
> *reviennent toujours nous hanter.*
>
> H. Jackson Brown

L'adolescence est une période riche en intuitions sur l'avenir, comme l'a écrit l'écrivain Joseph Chilton Pearce dans son ouvrage *Evolutions End*: «Les adolescents ont le sentiment d'une grandeur unique cachée en eux.» C'est l'âge des héros et des héroïnes. Par ailleurs, ils ont une immense crainte de se mal orienter et de rater leur vie si précieuse. Malgré la force de leurs aspirations, ils se sentent souvent incapables de bien définir leurs rêves de grandeur ou bien se découragent de ne pouvoir jamais les réaliser. Déçus, certains vont même jusqu'au suicide. Il n'est pas rare que leurs rêves de jeunesse s'évanouissent sous le poids des préoccupations quotidiennes. Dommage, car ils dissimulaient un pressentiment de leur mission.

Durant mon adolescence, il était clair que je voulais être un soignant. Quelle sorte de soignant? Je l'ignorais. À la fin de mon cours classique — j'avais alors dix-neuf ans —, mes confrères et moi avions décidé de dévoiler nos vocations en les écrivant au tableau de la classe. J'ai d'abord écrit *médecin*; mais après avoir fait quelques pas pour regagner ma place, je suis retourné au tableau pour y inscrire *médecin des âmes*. J'étais loin de me douter à ce moment-là que j'occuperais la plus grande partie de ma vie à être, comme prêtre et psychologue, un médecin des âmes, sur le plan de la santé à la fois physique, émotionnelle et spirituelle.

Voici quelques questions qui vous aideront à vous souvenir des intuitions de votre adolescence.

Quels types de personne ne vouliez-vous surtout pas devenir?

Quelles formes d'occupation vous repoussaient?

Qui étaient vos héros? Quelles personnes de votre entourage (parents, éducateurs, voisins, amis, etc.) vous influençaient le plus?

Quelles situations vous faisaient rêver?

Quelles attitudes aviez-vous vis-à-vis de vos rêves? Les pensiez-vous réalisables ou irréalisables?

Votre mission dans la perspective de votre mort

Les personnes qui ont fait l'expérience d'une vie après la mort rapportent souvent qu'elles ont revu en un éclair toute leur vie. C'est le cas d'un homme qui avait été déclaré cliniquement mort. Une fois réanimé, il a raconté son expérience. Une lumière céleste lui procurait un immense bonheur. Il avait désiré de tout son cœur continuer d'y baigner. Mais il a entendu une voix lui enjoignant de revenir sur terre pour terminer sa mission d'éducateur auprès de ses enfants. Une écrivaine, athée militante, a vécu une aventure semblable. Dans l'au-delà où elle a eu le sentiment de se trouver, elle a fait la rencontre de son père qui, de son vivant, avait été un grand croyant. Il lui a demandé de regagner la terre pour achever son évolution spirituelle.

Je vous invite maintenant à faire l'exercice que Stephen R. Covey décrit dans son livre *Les sept habitudes de ceux qui réussissent tout ce qu'ils entreprennent*.

Prenez une position confortable dans un endroit calme, silencieux et paisible.

Imaginez-vous que vous entrez dans un salon funéraire pour rendre hommage à la dépouille mortelle d'un ami. En traversant le vestibule, vous remarquez l'odeur des fleurs et la musique d'orgue. Puis, vous y rencontrez des parents, des amis et des connaissances. Vous compatissez à leur deuil.

En approchant du cercueil, vous êtes étonné d'y voir étendu votre propre corps. Vous comprenez alors que vous êtes en train d'assister à vos propres funérailles et que tous ces gens sont venus témoigner de leur amour et de leur estime pour vous. Un peu bouleversé, vous prenez un siège dans le salon. Et voici qu'on vous apporte un livret qui vous permettra de suivre la cérémonie funéraire qui va se dérouler. Il n'y a pas d'erreur, c'est bien votre nom qui est inscrit sur la page de titre du programme. Vous y lisez même les noms de trois personnes que vous connaissez bien: un proche parent, un ami intime et un collègue de travail. Ils sont chargés de faire votre éloge funèbre.

Préparez-vous à noter le contenu des éloges prononcés à votre intention.

Quelles qualités votre proche parent souligne-t-il?

Votre ami parle de la qualité de vos relations humaines. Quelle description en fait-il?

Votre collègue de travail rappelle vos qualités de travailleur. Que dit-il de vous comme compagnon de travail?

Quand vous aurez fini votre rêve éveillé, relisez vos notes et demandez-vous ce que vous aurez appris sur la mission que vous êtes appelé à accomplir.

* * *

Vous avez fait le tour de l'histoire de votre vie. Vous vous êtes rappelé vos rêves d'adolescent. Vous avez reconnu les archétypes qui vous font vivre. Vous confirmez les dires d'Ira Progoff: «Le passé contient les indices des buts profonds vers lesquels le mouvement de la vie essaie de nous conduire.» Vous avez même eu le courage de considérer votre vie du point de vue privilégié du moment de votre mort. Félicitez-vous du travail accompli pour détecter votre mission.

9

Ma passion, ma mission

Monsieur Séguin n'avait jamais eu
de bonheur avec ses chèvres.

Il les perdait toutes de la même façon:
un beau matin, elles cassaient leur corde,
s'en allaient dans la montagne, et là-haut le loup
les mangeait. Ni les caresses de leur maître
ni la peur du loup, rien ne les retenait.
C'était, paraît-il, des chèvres indépendantes,
désirant à tout prix le grand air et la liberté.

Alphonse Daudet

Qu'est-ce qu'une passion?

Les orienteurs font grand usage de tests d'orientation pour dépister les talents et les aptitudes des individus. Même si ces tests produisent des résultats intéressants, ils ne permettent pas de révéler pleinement la mission personnelle. L'indice le plus révélateur de l'orientation d'une personne s'avère sa passion.

Comment définir la passion? Selon le *Petit Robert*, elle est «une vive inclination vers un objet que l'on poursuit, auquel on s'attache de toutes ses forces». Elle est donc plus qu'une tendance, un intérêt ou une propension. Elle se distingue par une forte intensité émotive. Ses effets sur le passionné sont multiples: elle donne une sensation de vivre en plénitude, jusqu'à se sentir survolté. Elle produit chez lui un état d'excitation des plus fébriles. Elle le pousse à concentrer tous ses efforts sur l'objet de son attachement. Elle le porte à oublier le train-train quotidien, ses soucis, ses relations humaines et même ses besoins biologiques les plus élémentaires.

J'ai éprouvé un jour une sensation de ce genre: je conduisais ma voiture, absorbé par l'élaboration du plan d'un futur livre. Sans m'en rendre compte, j'avais enfoncé l'accélérateur et je filais à une allure folle, bien au-delà de la vitesse permise. Les poètes, sous l'emprise des muses inspiratrices, connaissent bien cette effervescence. Carl Jung, lui, parlait de son *daïmon*, une sorte de génie intérieur qui le tenaillait tant qu'il n'avait pas terminé son œuvre.

L'amoureux est un exemple bien connu de passionné. Il est parfois si intensément pris par l'objet de sa passion qu'il oublie de s'acquitter de ses responsabilités; il en arrive même à perdre le sens de l'orientation. Il ne vit que pour l'objet de son amour. Les Grecs de l'Antiquité disaient des amoureux qu'ils étaient traversés par un courant d'amour divin comme l'étaient les dieux et les déesses, tels Mars et Aphrodite. En revanche, certains psychologues contemporains se montrent peu romantiques quand ils assimilent la passion amoureuse à une codépendance ou aux effets similaires de la drogue et à la griserie qui s'ensuit. À mon avis, ils jettent ainsi du discrédit sur la passion amoureuse.

Joseph Campbell poussait ses étudiants, inquiets de leur avenir, à poursuivre l'objet de leur exaltation, c'est-à-dire la passion de leur vie: «*Follow your bliss.* Si vous le faites, vous vous trouverez à suivre la voie qui a toujours été là au fond de vous-mêmes. Et la vie que vous êtes appelés à vivre, c'est celle que vous vivez à ce moment-ci. Quelle que soit votre situation, si vous suivez votre passion, vous jouirez d'un renouveau d'être et d'une vie exaltante» (Campbell, 1988: 90). En effet, qui suit sa passion ne pourra rater sa vie. En revanche, qui la refuse s'expose à sombrer dans l'ennui. Par exemple, les candidats au doctorat qui, par malheur, ne choisissent pas un sujet d'étude qui les passionne risquent souvent de s'écœurer très rapidement et de ne pas rendre leur projet à terme.

Les métapassions

À l'intérieur de tout élan passionnel se cachent des états d'âme ou des passions plus subtiles, que j'appellerais des *métapassions*. Elles correspondent à des aspirations de l'âme. Ainsi, celui qui a la passion de la peinture possède sûrement les métapassions de la beauté et de la créativité; qui a la passion du cyclisme, la métapassion du dépassement de lui-même; celle des voyages exotiques, la métapassion de connaître des cultures différentes; celle de collaborer avec l'étranger, la métapassion de l'amour inconditionnel. Quelle que soit l'activité qu'on affectionne, elle dissimule l'une ou l'autre des aspirations spirituelles de son âme.

Passion et pathologie

Je tiens à attirer l'attention sur ce qui distingue passion et pathologie. Ces deux mots ont une racine commune, *pathos*, qui veut d'abord dire «souffrance». Par ailleurs, le mot *passion* désigne un élan vital et sain, tandis que le terme *pathologie* désigne une maladie physique ou mentale. Le premier indique une poussée de croissance, le second, une déviation. Il est donc important d'éviter de confondre ces deux réalités.

Voici quelques exemples de pathologies qui sont considérées à tort comme des cas de passion. Plusieurs pédophiles choisissent d'œuvrer dans l'éducation des enfants pour satisfaire leur penchant déréglé; des personnes qui ont connu la pauvreté dans leur enfance développent un besoin maladif de gagner de l'argent; des gens souffrant de paranoïa recherchent des postes de direction dans le seul but de dominer les autres. Ces personnes suivent leur pathologie et non leur passion. Un choix de vie motivé par un désir d'assouvir des démangeaisons névrotiques conduit forcément à l'impasse.

En revanche, il arrive qu'une tendance trouble cache une aspiration spirituelle qui, pour diverses raisons, aura été déviée. Certaines pathologies sont la dérive d'une tendance spirituelle. Je pense ici au personnage du film *Mourir à Venise*, un homme d'âge mûr qui s'éprend d'un adolescent. Sans même le connaître, il tombe amoureux de ce beau jeune homme qui symbolise pour lui la beauté, la jeunesse et un certain hermaphrodisme. Il est attiré par le rayonnement de sa propre âme qu'il projette dans ce garçon: une beauté asexuée, une éternelle jouvence et un air angélique.

Discerner votre mission en examinant votre passion

À la découverte de ce qui vous passionne

Je vous invite maintenant à vous interroger sur ce qui fait votre passion. Vos réponses seront autant d'indications de ce que pourrait être votre mission.

Qu'est-ce qui vous fait vraiment vivre, et non seulement vivoter?

Quel passe-temps (hobby) vous passionne?

Vers quel rayon de livres vous dirigez-vous en entrant dans une librairie?

Quelles émissions de radio ou de télévision vous captivent?

Quels sujets de conversation vous intéressent au plus haut point?

La stratégie suivante a pour objectif de vous faire découvrir votre mission en examinant ce qui vous passionne dans la vie.

En voici les étapes.

1– L'inventaire des activités qui vous ont le plus comblé dans la vie

- Identifiez trois expériences où vous vous êtes senti pleinement épanoui, enthousiaste ou heureux.

- Décrivez-les comme si vous étiez en train de les vivre, en utilisant des verbes au présent.

- Relisez vos descriptions. Encerclez les mots que vous jugez importants, en particulier les verbes. Sentez-vous libre d'ajouter des précisions ou des détails éclairants.

- Relevez les éléments communs aux trois expériences: mots, sentiments, actions, contextes, etc. Dégagez les principales tendances et les motifs récurrents. Ce sont là des éléments importants de votre mission.

- Faites la synthèse de vos découvertes. À l'aide des mots clés et des expressions importantes, composez une phrase qui deviendra une première ébauche de votre énoncé de mission.

2– Première ébauche de votre énoncé de mission

_____

_____

_____

_____

Relisez votre énoncé de mission. Décrit-il bien l'orientation profonde de votre âme? Apportez les précisions qui s'imposent pour le rendre encore plus clair et plus précis.

L'énoncé de mission est-il succinct? Comporte-t-il une ligne ou deux?

Contient-il des verbes d'action?

Est-il écrit en termes positifs?

3– Vérification de l'authenticité de votre énoncé de mission

Cette partie de la stratégie consiste à déceler chez vous les qualités qui justifient ou confirment votre énoncé de mission. Identifiez-en quatre ou cinq.

Exemple: si ma mission est d'écouter les autres, je devrai posséder la patience, l'empathie pour autrui, l'acceptation inconditionnelle, la franchise, etc.

Après avoir inscrit ces qualités dans la colonne de gauche, décrivez dans la colonne de droite un événement réel qui vous amène à penser que vous possédez chacune de ces qualités.

Qualité de votre mission	Preuves (événements indiquant que vous possédez bien ces qualités)
1) _____	_____
2) _____	_____
3) _____	_____
4) _____	_____
5) _____	_____

4– Contre-vérification de la justesse de l'énoncé de mission

Pour chacune des qualités, trouvez un événement où vous auriez dû l'exercer, mais ne l'avez pas fait. Ex.: «Qualité: empathie — J'aurais aimé me dévouer en écoutant un voisin dans le besoin, mais je n'ai pas pu le faire. J'étais débordé de travail.»

Pour chaque événement, posez-vous les questions suivantes:

Quels sentiments vous avez éprouvés?

Qu'est-ce que vous ressentez quand vous n'agissez pas conformément à cette qualité importante pour l'accomplissement de votre mission?

Le fait de n'avoir pas mis cette qualité en pratique alors qu'il importait de le faire vient renforcer l'idée que c'est une qualité importante qui fait partie de votre mission. Si vous avez éprouvé un sentiment de malaise ou de frustration, cela confirme l'importance de cette qualité pour votre mission.

Première qualité

Événement où la mise
en pratique de cette qualité
aurait été importante

Réaction éprouvée à la
suite de cette omission

_____

_____

_____

_____

_____

_____

Deuxième qualité

Événement où la mise en
pratique de cette qualité
aurait été importante

Réaction éprouvée à la suite
de cette omission

_____

_____

_____

_____

_____

_____

Troisième qualité

Événement où la mise en
pratique de cette qualité
aurait été importante

Réaction éprouvée à la suite
de cette omission

_____

_____

_____

_____

_____

_____

Quatrième qualité

Événement où la mise en
pratique de cette qualité
aurait été importante

Réaction éprouvée à la suite
de cette omission

_____   _____

_____   _____

_____   _____

Cinquième qualité

Événement où la mise en
pratique de cette qualité
aurait été importante

Réaction éprouvée à la suite
de cette omission

_____   _____

_____   _____

_____   _____

**5– Deuxième énoncé de mission provisoire et
qualités nécessaires pour la réaliser**

Réécrivez votre énoncé de mission ainsi que les qualités qui la
composent:

_____

_____

_____

Procédez maintenant à une contre-vérification plus globale de
l'authenticité de votre énoncé. À cette fin, demandez-vous: «Qu'est-
ce qui m'arriverait dans la vie si je n'accomplissais pas mon énoncé
de mission?»

Pendant quelques instants, imaginez une situation où vous ne réaliseriez pas la mission telle que décrite dans votre énoncé. Identifiez vos réactions ainsi que les sentiments qui montent en vous?

Qu'est-ce qui se passe réellement en vous? Cette contre-vérification vous fait-elle peur?

6– Troisième énoncé provisoire de votre mission située dans son contexte

Dans quel(s) contexte(s) précis comptez-vous exercer votre mission?

Exemples: éducation, famille, médias, santé, vieillesse, pauvreté, immigration, alcooliques et drogués, adolescents, Église, spiritualité, soins palliatifs, analphabétisme, sexualité, beaux-arts, sports, etc.

Indiquez maintenant le contexte choisi et ajoutez-le à votre deuxième énoncé de mission.

_____

_____

7– Conditions pour que votre énoncé soit plus authentique

Vous voudrez sans doute améliorer votre dernier énoncé de mission. Pour le faire, lisez les conditions qui rendront votre énoncé plus vrai, concret et efficace.

• Quand vous lisez à haute voix l'énoncé de votre mission, il serait normal qu'il vous emballe, vous inspire et vous attire. S'il n'éveille pas chez vous d'enthousiasme ou ne fait pas appel à vos talents, à vos qualités, comment pouvez-vous le modifier pour le rendre plus passionnant?

- L'énoncé de votre mission doit pouvoir embrasser d'une façon succincte l'ensemble des activités de votre vie. Examinons, par exemple, l'énoncé que Jésus Christ a fait de sa mission: «Je suis venu pour que les hommes aient la vie et qu'ils l'aient en abondance» (*Jean* 10, 10). Cet énoncé lui servira de motivation constante dans tous les secteurs de sa vie. Il serait difficile de relever un seul moment où il ne s'y est pas référé.

- Votre énoncé doit laisser entendre que vous avez assumé la responsabilité de votre mission et qu'elle entre sous votre contrôle. Que pensez-vous d'une mission qui serait libellée comme suit: «Je veux faire uniquement le bonheur de mes enfants»? La réalisation d'une telle mission est impossible. En effet, on ne peut pas faire le bonheur des autres. Une formulation adéquate pourrait ressembler à: «Ma mission est de créer, de favoriser et d'entretenir un milieu familial et éducatif paisible, épanouissant et ouvert aux changements de manière à favoriser la croissance de mes enfants.»

- Pour être recevable, un énoncé de mission devrait pouvoir s'harmoniser avec celui de votre employeur ou de l'institution à laquelle vous appartenez. Ainsi, par exemple, la mission d'un prêtre pourrait se lire: «Ma mission est d'être témoin de l'amour de Dieu par ma conduite, ma prière, ma parole et mes célébrations liturgiques.» Une telle mission s'insère facilement dans la grande mission de l'Église, celle de travailler à la gloire de Dieu et au salut de l'humanité.

Dans certains cas, il se peut qu'il soit impossible de concilier sa mission avec celle de son employeur. Je pense à ce soignant qui refusait de suivre les indications des médecins, ses supérieurs, dans le traitement des abuseurs sexuels. Il leur reprochait d'avoir une approche inefficace, humiliante et irrespectueuse des patients. Au lieu de trahir sa mission de soignant telle qu'il la concevait, il préféra démissionner et lancer sa propre entreprise de consultation, quitte à subir une importante baisse de salaire et d'avantages sociaux.

• Il faut préciser cependant que l'énoncé de votre mission n'est pas gravé dans la pierre. À mesure que vous réaliserez votre mission, vous devrez en modifier le libellé. Il deviendra encore plus précis et devra tenir compte de l'envergure que votre mission prendra à l'avenir. Accomplir sa mission, c'est un peu comme tracer un sentier dans un lieu sauvage; on n'a pas d'autre option que de le faire au fur et à mesure qu'on avance.

8– Exemples d'énoncé de mission

Ma mission consiste à aider les gens à se trouver une raison de vivre, à les encourager à poursuivre leur recherche et à les soutenir dans leurs efforts par la création d'ateliers.

Je voudrais travailler à ma propre croissance physique, émotive et spirituelle afin de mieux aider les autres à jouir d'une vie plus riche et épanouissante.

Ma mission consiste à explorer et à mettre au point de nouvelles méthodes en éducation permettant un enseignement plus efficace et enrichissant.

Ma mission est de créer des lieux où l'on apprend à exprimer ses talents artistiques.

Enracinée dans la conviction que la paix est toujours possible, ma mission consiste à aider les personnes à régler leurs conflits, à se pardonner et à apprendre à vivre en harmonie.

Ma mission est de découvrir et de mettre au point de nouvelles stratégies psychologiques et spirituelles contribuant à l'épanouissement personnel des individus d'un milieu universitaire.

Je désirerais être un agent de changement dans l'Église et dans la société par le moyen de l'écriture et de la parole publique.

J'entrevois comme vocation de devenir un communicateur et de servir d'intermédiaire entre diverses cultures de manière à favoriser la connaissance, le respect et l'échange entre les gens de divers milieux culturels.

Je découvre ma mission dans l'accompagnement spirituel des gens, mais de manière à leur faire découvrir leur propre spiritualité et à les aider à la vivre.

* * *

En terminant, voici une anecdote qui m'a été racontée par l'aumônière d'une institution de soins prolongés. Une femme handicapée, immobilisée dans son fauteuil roulant, lui confia comment elle avait découvert sa mission. En colère contre la vie, elle trouvait son existence inutile. Après la célébration de l'onction des malades au chevet de sa mère mourante, elle abandonna toutes les rancœurs qu'elle avait accumulées envers sa mère et lui accorda son pardon. Délivrée de son ressentiment, elle se sentit appelée à consoler les gens à l'allure misérable de son entourage. Elle partagea avec l'aumônière la découverte de cette mission: faire sourire les gens tristes. Quant elle rencontrait une personne attristée ou maussade, elle s'arrangeait toujours pour faire une bouffonnerie ou raconter une blague qui la dériderait. Au dire de l'aumônière, elle ne s'est jamais démentie par la suite.

10

Les appels de l'univers

*Une autre conception de la liberté commençait
à faire son chemin dans ma conscience,
loin derrière la surface. C'était la liberté
de suivre mon projet de vie avec tous
les engagements que je pourrais remplir.
Et, en même temps, je permettais aux forces
créatrices de la vie de m'envahir sans aucun
contrôle de ma part, sans faire d'efforts pour
que «ça marche». Comme je devais l'apprendre
avec le temps, c'est une manière de fonctionner
beaucoup plus puissante
que d'essayer de tout contrôler.*

Joseph Jaworski

*À propos de tout acte d'initiative et de création,
il y a une vérité élémentaire à savoir
qu'au moment où quelqu'un s'y engage avec
conviction, la Providence se met de la partie.*

Johann Wolfang Goethe

J'ai insisté jusqu'ici sur la recherche et la découverte de sa mission en me plaçant du point vue de la personne qui cherche à découvrir sa mission. Il est maintenant temps d'envisager la mission en tenant compte de la participation de l'Univers.

Il existe en effet une correspondance mystérieuse entre les aspirations de l'âme et les appels de l'univers. Certains ont découvert leur mission en étant témoins d'une situation de manque: pauvreté extrême, éducation déficiente, impasse dans les relations, besoin flagrant, situation de crise, etc. Émus et bouleversés d'abord, ils se sont mis ensuite à remédier à ces carences. Pour d'autres, leur mission s'est imposée à eux quand ils ont pris conscience des possibilités qui leur étaient offertes: une invitation inespérée à se dépasser, une promotion inattendue, l'idée d'une invention utile, l'occasion de réaliser une bonne affaire, une conversation imprévue ouvrant de nouveaux horizons, une offre d'emploi alléchante, etc.

Nous développerons ici trois réflexions sur les appels de l'univers: nous nous questionnerons d'abord sur les images optimistes et pessimistes que nous nous faisons du monde; en deuxième lieu, nous nous demanderons dans quelle mesure nous sommes conscients du phénomène de la synchronicité; enfin, nous nous interrogerons sur la pertinence des messages prophétiques des proches sur notre mission.

Regard sur l'univers: optimiste ou pessimiste?

La métaphore est peut-être la ressource
la plus efficace de l'homme. Sa virtualité tient
de la magie, et c'est un procédé de création que
Dieu semble avoir oublié dans la créature
quand il l'a faite.

José Ortega y Gasset

Notre vision de l'univers a des effets favorables ou défavorables sur la découverte de notre mission. Comment s'expliquer que certains voient et saisissent les chances de réussite qui s'offrent à eux alors que d'autres n'en perçoivent aucune? Le réel est riche de possibilités; il regorge d'occasions de réaliser des choses et de se réaliser tout court. Le problème n'est pas tellement de savoir si la vie fournit ou non la chance de réussir et de s'épanouir, mais si l'on est disposé à répondre à ses invitations. Il est de plus en plus évident que la conduite d'une personne dépend de la conception qu'elle se fait du monde. Si elle le voit comme une réalité amicale et pleine de ressources, elle ne craindra pas d'agir avec audace. Si, au contraire, elle le perçoit comme quelque chose d'hostile et de menaçant, elle aura tendance à éviter de prendre des risques et à se retirer.

Le rôle important des métaphores dans le filtrage de ses perceptions

Les linguistes soulignent l'importance des métaphores dans la représentation du réel. Loin d'être de simples figures de style, elles conditionnent notre perception et notre interprétation du monde, influençant ainsi notre comportement. Un examen attentif des métaphores utilisées par une personne révèle si elle perçoit l'univers comme amical ou hostile. Par exemple, la métaphore «la vie est un jardin à cultiver» suggère une attitude optimiste et enthousiaste devant la vie. En revanche, «la vie est un terrain semé d'embûches» suscite la méfiance et paralyse toute initiative de risque.

Voici d'autres exemples de réactions émotives suscitées par deux séries de métaphores opposées. Affirmer: «la vie est un jeu»; «il suffit de danser sa vie»; «le monde est un bouquet de fleurs variées»; «les gens sont tous des collaborateurs en puissance»; «le réel regorge de ressources prêtes à être exploitées»; «le succès commence par un rêve», suscitera en soi un nouvel élan d'enthousiasme, le goût d'oser, le désir de profiter des occasions qui se présenteront. En revanche, si on dit: «le monde est comme une mer agitée»; «l'univers est un marécage»; «les gens sont des requins»; «l'univers est un volcan toujours prêt à exploser»; «je suis né pour un petit pain»; «la vie est un train qui passe trop vite pour que je puisse y monter», on ne pourra s'empêcher de ressentir un malaise, la crainte de l'aventure et le besoin de se protéger.

Les métaphores utilisées pour décrire la vie, le monde, l'univers sont autant de filtres colorant le réel pour le meilleur ou pour le pire. Elles l'agrandissent ou le rapetissent; elles sont porteuses de chances ou de dangers; elles suscitent l'audace ou la crainte.

La transformation des métaphores

Se surprend-on à employer des métaphores restrictives et contraignantes? La situation n'est pas désespérée. On a toujours le pouvoir de modifier les métaphores à son avantage; elles ne sont pas immuables. Elles résultent d'expériences malheureuses qu'on a eu tendance à généraliser et dont on a fait des absolus. Ainsi, à la suite d'échecs répétés dans ses études, un de mes clients affirmait, convaincu: «Étudier est une montagne infranchissable, un rocher contre lequel je suis condamné à me heurter la tête.» Je lui ai d'abord fait comprendre que ces métaphores n'exprimaient pas toute son expérience, que les études pouvaient aussi être comparées à «une montagne réservant de joyeuses surprises à l'escalade» et que tout apprentissage est «une aventure ou un défi des plus intéressants». Je lui ai fait gravir mentalement la montagne et il m'a décrit, pas à pas, son escalade et les nombreuses découvertes heureuses qu'il y avait faites. Peu de temps après, il me confiait que les études lui étaient plus faciles et que, pour la première fois, il avait lu un livre en entier.

Récemment, j'ai suggéré à l'une de mes étudiantes de transformer ses métaphores. Elle se plaignait de sa vie «surchargée et encombrée d'occupations», qui la «faisait ployer sous le fardeau». Sachant qu'elle aimait la danse, je lui ai conseillé d'imaginer la vie comme une danse. Sceptique au début, elle a par la suite consenti à entrer dans le jeu. Elle s'est demandé quelle forme de danse représenterait le mieux sa vie trépidante. Elle a pensé spontanément au *rock-and-roll*. Depuis cette découverte, son attitude a changé: elle s'acquitte de ses nombreuses tâches avec le rythme enlevant du *rock-and-roll*.

Comment transformer vos métaphores en images épanouissantes

Voici une stratégie visant à remplacer vos perceptions débilitantes de la vie et à en créer d'autres plus épanouissantes. Elle vous permettra de percevoir votre mission d'une façon optimiste et de profiter de toutes les chances qui vous sont offertes pour l'accomplir.

- Faites l'inventaire des métaphores que vous entretenez sur la vie et sur le monde. Écrivez-en trois ou quatre sur une feuille de papier.

  Revoyez chacune d'elles en vous posant les questions suivantes: «Que signifie pour moi cette métaphore? Quelles réactions émotives provoque-t-elle en moi?»

  Exemple: si vous avez affirmé que «la vie est une lutte» ou que «la vie est sacrée», demandez-vous quel effet cette conviction produit sur vos relations et sur votre attitude face à la vie.

- Transformez vos métaphores pessimistes.

  Êtes-vous satisfait de la portée qu'ont vos métaphores sur votre vie? Les trouvez-vous épanouissantes? Sinon, voici comment vous pourriez les modifier pour leur donner un contenu plus positif. Commencez par relativiser votre croyance. Si, par exemple, la vie vous apparaît comme «une guerre ou une vallée de larmes», reconnaissez que si elle comporte parfois des compétitions et des déceptions, la vie est aussi un «jeu intéressant», «une négociation continuelle»; que si elle comporte parfois des moments pénibles, dans l'ensemble, elle est «une grâce», «un cadeau» ou «une danse».

- Remplacez les métaphores servant à décrire votre mission.

Plusieurs souhaiteront décrire leur mission à l'aide de métaphores. Si c'est le cas, répondez aux questions suivantes à l'aide de métaphores.

Quelle serait votre conception d'un monde parfait? Quel y serait votre idéal? Laissez monter en vous des images qui correspondent à vos aspirations et à vos valeurs. Même si l'image que vous vous faites au départ vous paraît exagérée ou irréaliste, n'hésitez pas à la conserver. Elle vous stimulera et vous réconfortera dans l'accomplissement de votre mission.

Pour vous aider à formuler vos propres métaphores, en voici quelques-unes à titre d'illustration.

Le monde est un grand laboratoire où je me permets de faire mes expériences.

La vie est une danse, tantôt lente, tantôt rapide.

Le monde est un vaste champ fertile à exploiter.

La vie est un jeu où tout le monde gagne.

Le monde est sacré.

L'univers est une symphonie mystérieuse.

- Transcrivez les métaphores que vous venez de créer sur des affiches que vous épinglerez bien en vue pour qu'elles soient solidement ancrées en vous. À les regarder, jour après jour, votre façon de voir, d'entendre et d'expérimenter le réel se transformera.

La synchronicité ou l'attention aux invitations fortuites de l'univers

Il existe une concordance mystérieuse entre les mouvements de l'âme et les appels de l'univers. Carl Jung fut le premier à utiliser le terme *synchronicité* pour désigner le phénomène. Il le définit comme une corrélation entre des événements intérieurs et extérieurs à la personne. Cette correspondance, on la constate, mais on peut difficilement l'expliquer. Les lois de la synchronicité ne tiennent ni du hasard ni d'une explication linéaire de cause à effet. Elles demeurent donc mystérieuses, mais non moins réelles. Tout bien considéré, elles semblent être le fruit d'une orchestration établie par une Intelligence supérieure que d'aucuns nomment Providence.

Un jour, le psychanalyste suisse s'apprêtait à interpréter le rêve d'une cliente qui lui racontait avoir rêvé à un scarabée; au même moment, un spécimen de cet insecte est venu s'écraser dans la fenêtre du cabinet. Jung prit l'insecte dans sa main et le présenta à sa cliente: «Voici votre scarabée!» À son avis, il s'était établi une sorte d'affinité entre le rêve de sa cliente et l'univers.

Des incidents en apparence insignifiants pointent parfois dans la direction de notre mission. Gregg Levoy, auteur de *Callings*, s'est dit très intrigué de trouver sur sa route, à plusieurs reprises et sur un court laps de temps, des cartes, toutes des dames de cœur. Ce n'est que plus tard qu'il comprit qu'il devait se défaire, dans son écriture, d'une attitude trop masculine et rationnelle. Pour nourrir son inspiration d'écrivain, il lui fallait être davantage en contact avec son «anima» — son côté féminin —, en particulier en se mettant à l'écoute de sa sensibilité et de son émotivité. Voilà le message que les dames de cœur avaient voulu lui laisser.

Des étudiants m'ont raconté qu'un jour ils s'étaient demandé s'ils devaient ou non faire la grève pour changer les conditions injustes dans lesquelles ils se trouvaient. Au même instant, à la radio, ils entendirent un chant révolutionnaire; ils décidèrent alors de s'engager dans une grève.

Sans doute avez-vous eu vous aussi de telles expériences, au moment où vous vous interrogiez sur vos projets, vos sentiments, vos désirs ou votre orientation. Le réel nous donne souvent des signes de la mission qui nous attend, mais malheureusement, nous ne sommes pas toujours à même de les reconnaître. Nous ne sommes pas toujours prêts à syntoniser la bonne fréquence. Au moment où vous vous interrogez sur votre mission, soyez plus attentifs aux incidents ou événements qui gênent ou perturbent le cours normal de votre vie: une maladie, une visite inopinée, un incident bizarre, une conversation inattendue, une erreur répétée, un rêve récurrent, l'apparition d'objets insolites ou d'animaux étranges, etc.

La difficulté liée à la synchronicité réside dans l'interprétation juste du sens des incidents ou des événements en cours. Il faut éviter de les expliquer de façon trop littérale ou de s'affoler au moindre événement quelque peu étrange. De toute façon, si l'incident est porteur d'un message important pour notre mission, il se reproduira et se fera plus insistant.

Les messages de votre entourage

Nous l'avons déjà vu, les projections faites par les personnes qui jouent un rôle important dans votre vie peuvent s'avérer lourdes à porter. Certains parents souhaitent que leur enfant réalise la mission qu'eux-mêmes ont entrevue mais ratée dans leur vie; plus d'un enfant a ainsi été entraîné à suivre un chemin qui n'était pas le sien. D'autres ont subi l'influence de «prophètes de malheur»; on les a découragés de persévérer dans la recherche et la poursuite de leur mission. Je me souviens de ce professeur de français, jouant au prophète, qui m'avait prédit: «Tu ne sauras jamais écrire!» Que penser de cet éditeur qui, après avoir lu mon manuscrit *Aimer, perdre et grandir*, me conseilla, d'un ton paternaliste: «Tu devrais renoncer à ce projet d'écriture; la correction de ton manuscrit demanderait trop de travail.» Pourtant, le tirage de cet ouvrage atteint aujourd'hui le chiffre éloquent de cent soixante-cinq mille exemplaires.

En revanche, heureux celui qui aura la chance de rencontrer un «prophète de bonheur» qui reconnaîtra en lui les signes de sa mission. Jésus Christ jouissait d'un tel charisme. Souvent, il indiquait à une personne quelle était sa mission dès leur première rencontre. Ainsi, à Pierre: «Je te ferai pêcheur d'hommes!»

James Hillman a intitulé un des chapitres de son livre *The Soul's Code*: «*Esse est Percipi: To Be is to be Perceived*» (Être est être perçu). Il y rapporte l'exemple de plusieurs personnages qui sont devenus ce que certains «prophètes» avaient perçu d'eux. Ainsi, Franklin Roosevelt a vu en Lyndon Johnson un futur président des États-Unis. Georges Washington avait nommé, sans le connaître, un jeune soldat sans expérience du nom d'Alexander Hamilton comme son principal aide de camp. Le professeur William James a cru dans les capacités d'une jeune juive quelque peu névrosée nommée Edith Stein. Sûr de son intuition, il lui accorda la note de passage à un examen qu'elle avait pourtant raté. Il continua de lui apporter une aide constante; il alla jusqu'à la recommander à l'Université John Hopkins pour qu'elle y poursuive des études médicales. Devenue une grande philosophe et martyre pour sa foi, elle a été récemment béatifiée. Pour citer un cas d'actualité, pensons à René Angelil qui a découvert dans une adolescente de treize ans la plus grande chanteuse pop des temps modernes, Céline Dion.

On retrouve ce genre d'intuition chez certains éducateurs, professeurs, mentors, entraîneurs sportifs, «chercheurs de tête» dans les sports et les arts. Ils entrevoient un brillant avenir pour des personnes en qui d'autres n'ont vu que des talents ordinaires ou même déficients.

Voici maintenant quelques questions pouvant servir à alimenter votre réflexion sur votre mission.

Avez-vous déjà rencontré de ces prophètes de bonheur?

Que vous ont-ils révélé sur votre projet de vie?

Comment avez-vous réagi à leur prophétie sur vous?

Croyez-vous que leur opinion est venue confirmer vos propres intuitions touchant votre mission?

Quatrième partie

Le nouveau départ

II

Imaginer en détail
la réalité de sa mission

*L'animateur d'un groupe demanda aux
participants d'aller dans les champs
cueillir des trèfles à quatre feuilles.*

*Après quelques heures de recherche intense,
personne n'avait pu en trouver un seul, sauf
une jeune femme. Elle revint avec une poignée
de trèfles porte-bonheur qu'elle distribua
aux autres membres du groupe.*

*On lui demanda alors quel truc elle avait
bien pu employer pour en trouver autant.*

*Elle répondit: «C'est simple, j'imaginais un trèfle
à quatre feuilles; il ne me restait alors
qu'à aller le repérer et le cueillir.»*

Selon William Bridges, après le lâcher prise et l'entre-deux ou la phase de la «marge», nous faisons une nouvelle entrée dans la communauté pour y «affirmer» notre mission. La particularité de cette étape est de nous engager dans un virage définitif.

Si cette nouvelle étape constitue un pas définitif en avant, nous ne sommes pas seuls pour la vivre. À ce propos, H.H. Murray affirme: «Au moment même de nous engager pleinement dans notre mission, la Providence s'engage elle-même de notre côté. [...] Toutes sortes d'événements imprévisibles et insoupçonnés surviennent; c'est-à-dire des incidents, des rencontres fortuites, de l'aide d'ordre matériel ou toutes choses qui concourent à la réalisation de notre mission à la suite d'une décision ferme.» Ainsi, au moment d'accomplir notre mission, le proverbe «Aide-toi, le Ciel t'aidera» prend toute son actualité.

Je ne voudrais surtout pas laisser le lecteur avec l'illusion que tout sera désormais facile. Aussi, il importe d'examiner les résistances propres à cette étape et avec lesquelles il faudra composer. Nous verrons ensuite comment décrire sa mission en détail et en «affirmer» le compte rendu virtuel.

Résistances à s'engager

Un progrès considérable dans la découverte de sa mission a été accompli quand on a réussi à en faire l'énoncé. Cependant, au fur et à mesure qu'on avance, des objections surgissent souvent à l'esprit. Elles deviendront d'autant plus insidieuses et persistantes qu'on s'approchera du but. Au moment de passer à l'action, les résistances se font plus pressantes. C'est le signe qu'on est sur le point de découvrir le précieux filon d'or.

Refus de s'engager dans sa mission avant d'avoir la certitude que c'est la bonne

Une première résistance consiste à croire qu'il faudrait être tout à fait sûr de sa mission avant de s'y lancer. Certains n'osent pas s'y aventurer à moins d'avoir l'assurance que c'est bien la leur. Ils subissent tous les tests psychologiques possibles et imaginables; ils exploitent toutes les stratégies suggérées; ils soupèsent toutes les possibilités de succès ou d'insuccès; ils analysent leurs talents et aptitudes sous tous les angles. Mais c'est peine perdue: jamais ils n'obtiendront l'assurance absolue d'être dans la bonne voie. En cette matière, il faut se contenter d'une certitude relative et se satisfaire de prendre des risques calculés.

D'une façon plus précise, certains se mettent à douter de l'exactitude de leur énoncé de mission: «Me suis-je trompé? M'étais-je conté des histoires?» penseront-ils. Qu'ils coupent court à leurs doutes et à leurs inquiétudes. L'énoncé de mission offre l'avantage d'exprimer une orientation plus précise que celle qu'on avait auparavant. De plus, rappelons qu'on ne peut pas se tromper en s'engageant dans une voie qui passionne. De toute façon, l'énoncé n'est pas «coulé dans le ciment»; il est toujours possible de le corriger et de l'améliorer.

Peur d'acquérir trop de pouvoir

Peut-on avoir peur de réussir dans la vie? Aussi étrange que cela puisse paraître, plusieurs sont forcés de l'admettre. Ils sont pris de vertige au moment où ils commencent à réussir leur mission, intimidés de se retrouver sous les regards critiques de la galerie.

Certains, victimes du «complexe de Jonas», préféreront ignorer leur mission et laisser dormir leur potentiel. Ils éviteront ainsi l'angoisse d'avoir à s'exposer aux humiliations, à l'envie, aux critiques du milieu, aux rivalités et aux risques d'échec. Ils pratiqueront alors des techniques d'évitement: ils se tiendront dans l'ombre; ils se fixeront de modestes aspirations; ils se montreront stupides ou incapables; ils auront recours à toutes sortes de prétextes pour justifier leur inaction.

D'autres seront tentés de démissionner à la vue de la réussite possible de leur mission. Une sorte d'autosabotage: ils craignent d'acquérir un nouveau pouvoir trop exigeant pour eux. Ils se prémuniront contre les attaques d'anxiété de leur ombre qui garde refoulé leur ardent désir de pouvoir.

Peur de penser l'avenir

Certains craignent de se servir de leur imagination pour penser l'avenir. Pourquoi cette réticence? Pour tenter de la comprendre, j'ai cherché les synonymes du mot «vision» dans le *Dictionnaire Larousse des synonymes*. Les choix proposés m'ont étonné par leur connotation négative. En voici quelques exemples: chimère, désillusion, illusion, hallucination, mirage, rêve. De même, en français, le mot «imagination» est suspect: ne dit-on pas d'elle qu'elle est la «folle du logis», qu'elle «bâtit des châteaux en Espagne», comme si elle perturbait le travail rigoureux de la raison? Toutefois, se priver de l'imagination et de sa créativité, c'est s'empêcher de créer et de planifier des projets dans l'avenir.

Ce pessimisme serait-il un trait culturel propre à la mentalité francophone? Cette attitude méfiante à l'égard de l'imagination est peu présente dans la culture anglo-américaine où, au contraire, on tend à en exalter le rôle. L'écrivain anglais Joseph Conrad loue le pouvoir de l'imagination: «C'est seulement dans l'imagination humaine, écrit-il, que toute vérité trouve une existence réelle et authentique. L'imagination [...] est le maître suprême de l'art comme de la vie.» Pensons simplement aux expressions: *Follow your dream, American dream* ou *The sky is the limit*. Être attentif à ses images intérieures est capital, car elles ont le pouvoir de faire voir le réel comme une source d'abondance ou, au contraire, comme une réalité pleine de difficultés.

Autres résistances

D'autres, en revanche, seront portés à se lancer à corps perdu dans la poursuite de leur nouvelle orientation. Emballés, ils auront tendance à brûler les étapes de préparation et de mûrissement. On dira d'eux qu'ils sont «partis pour la gloire». Ce fut le cas de cette femme qui venait de se découvrir un talent poétique. Elle aurait voulu que ses premiers poèmes soient publiés sans faute par une maison d'édition reconnue!

D'aucuns seront tentés de revenir en arrière. Nostalgiques du passé, ils se complairont dans le souvenir de leurs réussites passées, à l'exemple du peuple d'Israël qui, libéré de son esclavage, s'est pris à regretter les oignons d'Égypte.

D'autres encore se laisseront détourner et décourager par la moindre remarque négative venant de leur entourage. Hypersensibles aux réactions de leurs proches ou de leurs connaissances, ils préféreront changer d'orientation au lieu de supporter l'inconfort de la critique.

Description détaillée de sa mission

Pour surmonter ces obstacles, on a intérêt à procéder d'une manière systématique. Au départ, l'énoncé de mission décrit un idéal d'envergure, mais qui demeure encore vague et abstrait. Il faut maintenant le reformuler d'une façon plus concrète et circonstanciée. C'est ce que vise l'approche dite de l'«affirmation». Elle consiste à se faire une idée la plus précise possible des détails de sa mission, puis, en faisant appel à l'imagination créatrice, à la considérer comme étant déjà réalisée.

Dans *Everyday Miracle, The Inner Art of Manifestation*, David Spangler décrit l'importance de cette fonction créatrice: «Pour les humains, l'imagination est la matrice de la réalité. Tout ce qui existe pour nous dans ce monde commence dans l'imagination de quelqu'un» (1996: 148). On ne saurait sous-estimer la force de l'imagination créatrice: elle programme le succès comme l'insuccès de ce que l'on entreprend. L'«affirmation» suppose que la personne considère le réel comme un lieu de réussite et de possibilités. En revanche, celui qui entretient des idées d'échecs et d'humiliations s'attire de fait des échecs et des humiliations.

Voyons comment se donner, par le moyen de l'«affirmation», une vision puissante et envoûtante de sa mission.

Utilisation de l'approche de l'«affirmation»

Une telle approche possède l'avantage de motiver fortement la personne à réaliser l'objectif visé. La représentation détaillée de sa mission la mettra à l'affût des occasions favorables à sa réalisation; elle sera donc davantage en mesure d'en profiter. L'«affirmation» fait écho à la façon de prier enseignée par Jésus et rapportée par l'évangéliste Marc: «C'est pourquoi je vous dis: tout ce que vous demandez en priant, croyez que vous l'avez déjà reçu, et cela vous sera accordé» (*Marc* 11, 24).

Dans un premier temps, l'«affirmation» vise à se donner une vision détaillée de sa mission qu'on nommera, une fois formulée, un «compte rendu virtuel». Dans un deuxième temps, elle invitera à imaginer cette vision réellement réalisée.

Première étape
Rédiger un compte rendu virtuel de sa mission

Exemples de compte rendu virtuel de sa mission

Des exemples concrets permettront tout d'abord d'illustrer ce que nous entendons par compte rendu virtuel de la mission.

- J'avais formulé mon énoncé de mission comme suit: *Communiquer des connaissances qui habiliteraient les gens à s'aider, à se guérir et à croître sur le plan psychospirituel.*

  Voici maintenant le compte rendu virtuel de ce que j'avais envisagé de faire à une certaine époque de ma vie: *Je vulgarise des connaissances de psychologie et de spiritualité à l'intention d'auditoires de plus en plus larges. En plus de mon travail de professeur, j'accepte de donner des conférences, de tenir des ateliers et de faire des entrevues dans divers médias. J'accorde la priorité aux sessions de formation qui s'adressent à des multiplicateurs: professeurs, professionnels, prêtres, parents, etc. Je rédige des ouvrages de vulgarisation pouvant aider à faire son deuil, à pardonner vraiment et à améliorer l'estime de soi.*

- Certains comptes rendus virtuels sont encore plus précis. Voici en quels termes une personne décrivait sa mission: *Je désire atteindre l'indépendance financière assez tôt dans ma vie pour pouvoir me livrer à une activité passionnante.* Et son compte rendu virtuel se lisait ainsi: *J'atteins mon premier million de dollars à l'âge de trente ans. Je me consacre à ma passion: la dégustation des vins. Je deviens une experte en œnologie. Par le moyen d'ateliers et de stages, je parcours le monde pour les passionnés du vin.*

- Un réalisateur d'émissions de radio se représenta, lui aussi, très concrètement sa mission: *Je deviens travailleur autonome au service du public dans une activité nourrissante.* Voici comment il en formulait le compte rendu virtuel: *Je suis mon propre patron, je travaille avec les membres de ma famille dans la restauration et je satisfais la clientèle.* De fait, le compte rendu virtuel de sa mission se concrétisa quand il devint propriétaire d'une boutique de fumage de poisson. Comme prévu, il en fit une entreprise familiale. Sur un étal attenant à sa boutique, il exposa ses produits. À l'occasion d'un reportage à la télévision, je l'ai vu tout fier au milieu de sa famille en train de présenter à ses clients ses truites et ses saumons fumés.

Établir des objectifs intermédiaires plus concrets

Il se peut qu'un compte rendu virtuel soit beaucoup trop général et lointain pour avoir prise sur l'imagination. On doit alors le subdiviser en petits comptes rendus virtuels décrivant des objectifs intermédiaires.

Il faut d'abord dresser une liste de ce dont vous aurez besoin pour réaliser votre mission: ressources humaines et matérielles, habiletés manuelles, académiques et sociales, sans oublier les qualités morales comme la persévérance, le calme, l'enthousiaste, la générosité envers les autres, la capacité de méditer, etc. Vous établissez ensuite des priorités parmi ces comptes rendus ou ces objectifs.

Reprenons l'exemple du compte rendu virtuel de ma mission: *Je vulgarise les connaissances de la psychologie et de la spiritualité pour des auditoires de plus en plus larges, etc.* Pour réussir à former des personnes par la parole et l'écriture, il me fallait jouir d'une santé convenable. Le compte rendu à court terme de ma mission était donc de retrouver la santé par tous les moyens possibles.

Mes priorités

Premier objectif intermédiaire: *améliorer ma santé.*

Second objectif intermédiaire: *améliorer mon expression verbale et écrite.*

Troisième objectif intermédiaire: *accepter de parler à des auditoires de plus en plus larges.*

Composer efficacement le compte rendu virtuel

Voici quelques règles à suivre pour composer son compte rendu virtuel de manière à le rendre attirant et envoûtant.

• Le compte rendu virtuel de sa mission doit être positif.

— Dire: *J'ai l'énergie et l'entrain nécessaires pour parler en public et écrire quelques heures par jour.*

— Ne pas dire: *Je ne suis pas fatigué de parler et d'écrire.* Une telle formulation n'aura aucune prise sur l'imaginaire et produira souvent le contraire de l'effet désiré.

• Un compte rendu virtuel doit comporter un contenu réalisable par vous et non par un autre.

— Dire: *Je mange bien; je dors assez pour travailler reposé; je prends un supplément de vitamines ainsi que les médicaments prescrits par le médecin.*

— Ne pas dire: *Je veux que mon médecin me guérisse et me redonne une bonne forme physique.*

• Formuler votre compte rendu virtuel comme si vous l'aviez déjà réalisé.

— Dire: *Je me sens plein d'énergie; je jouis d'une meilleure santé; je mange bien; je fais de l'exercice; etc.*

— Ne pas dire: *Je devrais mieux m'alimenter; il faut que je fasse de l'exercice physique, etc.* Éviter d'utiliser le futur ou le conditionnel, car l'esprit humain aura alors tendance à ranger le compte rendu «dans un tiroir» et à en reporter continuellement la réalisation.

• Pour que le compte rendu garde tout son effet sur l'imaginaire, il est important qu'il décrive en détail l'objectif à réaliser sans omettre les sensations, mouvements, couleurs, arômes, sons, sensations tactiles, etc. Ainsi, l'esprit se convaincra qu'il s'agit d'un objectif concret à poursuivre immédiatement. Votre compte rendu constitue ainsi une «carte mentale» des plus motivantes.

— Dire: *Je fais quarante-cinq minutes de marche dans la nature le matin. Je mange des aliments sains, des légumes frais et des fruits; je prends mes vitamines régulièrement; je bois quatre verres d'eau par jour; etc.*

— Rester concret, éviter de parler dans l'abstrait: *Je fais de l'exercice; je m'alimente mieux; etc.*

• Si vous éprouvez un malaise ou un doute à la lecture de votre compte rendu virtuel, c'est qu'il ne s'accorde pas adéquatement avec l'ensemble de votre personnalité. En jargon psychologique, on dira qu'il ne répond pas à l'écologie de votre personne. Cherchez donc à l'améliorer ou à le changer carrément.

Deuxième étape
«Affirmer» la réalisation du compte rendu virtuel de sa mission

Une fois le compte rendu rédigé de manière à favoriser la créativité de l'imagination, il ne reste qu'à en «affirmer» la réalisation.

Voici deux stratégies visant à maintenir une tension créatrice pour réaliser votre compte rendu virtuel. À vous de choisir celle qui vous convient le mieux.

Première stratégie
Visualiser votre compte rendu virtuel

La première stratégie consiste à vous exercer à visualiser votre compte rendu virtuel.

Prenez une position confortable, laissez-vous détendre tout en écoutant les bruits de l'entourage. Cela vous permettra d'entrer plus profondément en vous.

Regardez autour de vous en notant les couleurs, les formes, les contrastes de la lumière et de l'ombre, ce qui permettra encore de vous intérioriser davantage.

Prenez conscience de votre respiration: votre inspiration, votre expiration; demandez-vous laquelle est la plus longue... Cet exercice vous fera entrer encore plus profondément à l'intérieur de vous-même.

Laissez-vous baigner peu à peu par une douce lumière spirituelle.

Imaginez que vous avez réalisé l'objet de votre compte rendu virtuel, que vous avez réussi la réalisation de votre mission telle que vous l'avez conçue.

Vous prenez conscience que votre regard sur le monde, sur les événements, sur les gens et sur vous-même a changé.

Vous voyez en détail votre nouveau projet de vie. Vous en êtes fier.

Faites-vous une image vive et colorée de votre nouvelle situation.

Écoutez le nouveau dialogue qui se déroule à l'intérieur de vous-même.

Écoutez les gens parler abondamment de votre succès.

Entendez les remarques qu'on fait autour de vous depuis que vous réalisez votre objectif.

Félicitez-vous!

Goûtez la joie, la satisfaction et le bonheur d'être parvenu à concrétiser votre mission.

Permettez-vous d'éprouver une réelle fierté devant votre accomplissement et votre succès.

À la fin de votre méditation, faites une prière d'action de grâce à Dieu ou à la Providence qui vous a accordé un tel succès.

Puis lentement, à votre rythme, vous sortez de vous-même en emportant avec vous les sentiments de joie, de satisfaction et de bonheur que vous venez de vivre.

Prenez encore un moment de silence pour vous sentir pleinement comblé et confiant face aux nouveaux défis de la vie.

Ne parlez à personne de votre méditation. C'est votre secret. Continuez à vivre et à vaquer à vos occupations comme si rien ne s'était passé.

Refaites cette méditation une fois par jour, le matin ou le soir, dans un endroit calme et paisible. Cela vous permettra de percevoir et de saisir les occasions favorables à la réalisation de votre mission. Vous vous engagerez dans les activités nécessaires pour accomplir le rêve de votre vie. Vous y arriverez sans avoir à déployer beaucoup d'efforts, assuré que la Providence ou l'Univers collabore à l'exécution de votre projet de vie.

Seconde stratégie
Confronter votre situation actuelle
avec votre compte rendu virtuel

Dans *Tous les chemins mènent à soi*, Laurie Beth Jones propose un exercice de visualisation intéressant qui exige une habile acrobatie mentale. Il s'agit de maintenir dans sa tête deux images superposées, comme on en voit parfois sur un écran de télévision.

La première image est celle de votre situation présente; la deuxième, celle de votre compte rendu virtuel. Tous les grands créateurs ont cette faculté d'imaginer à l'avance leur chef-d'œuvre réussi à la perfection dans le matériau qu'ils travaillent: les peintres le projettent sur la toile encore blanche, les sculpteurs le détectent dans le bloc de pierre, les musiciens l'entendent avant de le traduire dans une portée musicale.

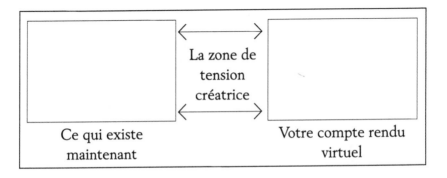

Au début, vous éprouverez en vous une tension, un stress nécessaire devant l'écart séparant votre situation actuelle de la nouvelle vision de votre mission. Efforcez-vous de maintenir la tension créatrice entre ce qui existe déjà et ce qui arrivera une fois la mission accomplie.

Cette stratégie empêche de se laisser engluer dans la bonne vieille routine, confortable mais inefficace et ennuyeuse. La vision de votre compte rendu virtuel créera un tel enthousiasme qu'elle vaincra l'inertie et l'insécurité ressenties devant l'inconnu.

Quand j'ai commencé l'apprentissage de la Programmation neurolinguistique en psychothérapie, j'ai été emballé par l'efficacité de cette méthode. Au cours des ateliers de formation, je pouvais constater *de visu*, chez les clients, les changements rapides et durables produits par cette approche. Mais, malgré mon engouement, je ne parvenais pas à utiliser la PNL dans mon cabinet de consultation.

Or, voici qu'à la fin d'une session de formation de quatre jours, John Grinder, un des fondateurs de la PNL, nous proposa un exercice pouvant nous aider à mettre en pratique les connaissances acquises au cours de l'atelier. D'abord, il nous mit en état second, puis nous fit visualiser mentalement notre cabinet et les futurs clients avec lesquels nous utiliserions uniquement les stratégies de la PNL.

Le lendemain matin, j'ai spontanément appliqué les stratégies de la PNL avec mon premier client. Et depuis lors, je n'ai jamais eu la moindre réticence à me servir de cette approche. À mon grand étonnement, la visualisation proposée par John Grinder m'avait fait sortir de mes vieilles habitudes. J'ai expérimenté alors toute la force d'un compte rendu virtuel comme moyen de faire advenir un avenir réussi.

12

La mission en action

*Un touriste en visite dans une léproserie
photographiait une religieuse en train de faire
un pansement à un lépreux. Après avoir pris
ses photos, il s'exclama: «Même si on me donnait
tout l'or du monde, jamais je ne ferais
un tel travail!» La religieuse lui répondit:
«Vous avez raison, moi non plus.»*

Arracher une fusée à la gravité terrestre exige une force colossale. Une fois mise en orbite, elle se meut elle-même en vertu de la loi de l'inertie. De la même façon, faire les premiers pas pour accomplir son projet de vie demande beaucoup d'énergie et de courage. L'explorateur de sa mission passe par des moments critiques où la tentation d'abandonner devient obsédante. De multiples questions se bousculent dans sa tête: «S'il arrivait que je me trompe... que de temps, de ressources et d'efforts inutiles? Suis-je assez bien préparé pour affronter les difficultés qui m'attendent? Je devrais peut-être suivre d'autres cours... Et si je manque mon coup, qu'est-ce que les gens diront? Sans doute suis-je trop prétentieux!»

Dans les moments de doute et de tergiversations, il est bon d'inverser le problème et de se dire: «Qu'est-ce qui m'arriverait si je ne réalisais pas le rêve de ma vie? Combien de regrets m'assailliraient pour ne pas avoir au moins essayé! Je ne peux pas m'imaginer suivre ma routine et ne pas satisfaire la passion qui me hante!» Pour certains, la pensée de rater sa mission, et celle de la souffrance psychologique qui s'ensuivrait, servent de moteur pour passer à l'action. La nostalgie, l'ennui, le vague à l'âme, le sentiment de sa stérilité, la sourde déprime, le mécontentement, les rêves inassouvis, voilà le prix à payer pour refuser sa mission. Anthony Robbins, dans son ouvrage *L'éveil de votre puissance intérieure*, déclare avec conviction: «La prise de conscience de sa douleur est l'outil ultime pour changer d'attitude.»

Laurie Beth Jones, quant à elle, soutient que la pensée de ne pas réaliser le rêve de sa vie sert de «force ponctuelle» pour risquer davantage. À mon avis, tout dépend de la personnalité de chacun: certains seront séduits par la perspective d'accomplir leur mission personnelle; d'autres seront davantage motivés par la peur de rater le rêve de leur vie. Dans mon expérience, les deux mouvements étaient présents, mais il me semble que la passion de suivre ma mission l'emporta sur la crainte de la manquer.

Éviter la précipitation: prendre des risques calculés

Tout long chemin commence par un premier pas.

Anonyme

Un danger guette parfois ceux qui se lancent à la poursuite de leur rêve. Sous le coup de l'illumination, emportés par l'enthousiasme, ils croient pouvoir atteindre la notoriété du jour au lendemain. Dès les premiers succès, ils se croient arrivés au sommet de la gloire. Leur ego se gonfle. Je pense à ces écrivains qui désirent être reconnus dès leurs premiers écrits, à ces peintres amateurs qui veulent exposer dans une galerie d'art célèbre, à ces personnes qui, après deux semaines de formation, se déclarent «gurus». Leur impatience et leur précipitation les conduisent à des déboires cuisants qui les découragent. D'où la nécessité de progresser à petits pas, avec persévérance, courage, patience et discernement.

À l'inverse des personnes qui font preuve de précipitation, certaines n'osent pas faire le premier pas. Elles se perdent dans des enquêtes et des analyses; elles recherchent l'avis d'experts; elles suivent des cours; elles n'en finissent pas de se préparer, alors qu'il leur faudrait tout simplement «plonger».

L'important, c'est de se mettre en route et d'y mettre tout son cœur. Voici un exemple vécu lors de la publication de mon premier livre, *Aimer, perdre et grandir*. Je donnais alors de nombreuses conférences sur la nécessité de faire son deuil. J'animais des ateliers sur ce thème et donnais des sessions de formation à divers groupes de spécialistes. Il me vint à l'idée d'écrire un livre sur le deuil. La seule pensée d'écrire me paralysait. Je revoyais mon professeur de français lire en classe mes compositions et ridiculiser ma prose boiteuse. Pourtant, l'idée d'écrire sur le deuil m'obsédait. Alors, je me mis à jeter au hasard sur des feuilles détachées mes connaissances et mes expériences sur le sujet. Un jour, je décidai de colliger mes réflexions et d'en faire une brochure. Pour me rassurer sur la valeur de ce document, je le fis lire par quelques amis.

Dans l'attente de leur verdict, je vécus un réel tourment, rempli d'incertitude et de doute. À ma grande satisfaction, je reçus des commentaires enthousiastes. Certains de mes lecteurs-témoins complétaient même mes poèmes de quelques vers de leur cru. Je les avais donc rejoints! Fort de leurs encouragements, je me mis à vendre la brochure aux gens venus assister à mes conférences. Un soir, après une conférence, une amie qui possédait une petite maison d'édition se montra intéressée à publier ma brochure. Tel fut le début de mon aventure d'écrivain hésitant. Les photocopies de mes débuts sont aujourd'hui devenues un livre traduit en six langues.

Cette expérience m'a appris à bâtir ma mission de façon progressive. Ajoutons toutefois que certaines missions demandent, dès le début, un gros investissement de soi-même, comme certaines crevasses qu'on ne peut franchir en deux bonds.

S'attendre à l'épreuve sur le chemin de sa mission

Dans les mythes, tous les héros appelés à de grands exploits rencontrent des obstacles sur leur chemin: des géants, des sorcières, des sirènes, des monstres, des pièges, des montagnes insurmontables, des attractions qui les détournent de leur mission, etc. De même, quand nous répondons à notre appel, nous devons nous attendre à être testés. La solidité de notre projet sera mise à l'épreuve.

Nous nous verrons aussi dans l'obligation de faire des détachements, prévus et imprévus. Souvent, nous devrons sacrifier nos sécurités, notre statut social, nos loisirs, l'approbation de nos parents ou de nos camarades, l'aisance financière, etc. Le mot sacrifier — du latin *sacrum facere*, c'est-à-dire «faire du sacré» —, prend ici tout son sens. Nous renonçons à certains biens pour un bien supérieur. Pour les sacrifices acceptés, nous serons récompensés par la «toison d'or» de la mission.

Aux détachements volontaires s'ajoutent d'autres renoncements, imprévus ceux-là: une maladie, un accident, des incompréhensions, l'abandon d'une personne sur laquelle on comptait, des tracasseries administratives, etc. J'ai rencontré ces obstacles quand j'ai décidé de poursuivre des études de psychologie clinique à San Francisco, à l'âge de 42 ans. Mais la volonté de réussir ma formation comme psychologue m'a permis de surmonter toutes les difficultés. Je comprends mieux aujourd'hui cette déclaration de Nietzsche: «Celui qui a un "pourquoi" qui lui tient lieu de but, de finalité, peut endurer n'importe quel "comment".» La nécessité de réaliser l'appel de son âme permet de puiser en soi des énergies et des ressources insoupçonnées.

Les épreuves proviennent parfois de la nature même de la vocation choisie. Un vieux médecin me racontait les désillusions qu'il a dû vivre au début de sa carrière. Lui qui rêvait de soigner les malades et de les sauver de la mort avait été chargé, durant son internat, de descendre les cadavres à la morgue. La vue des corps froids et sans vie sur les dalles de pierre le dégoûtait. Il était sur le point de tout laisser tomber. Mais la pensée qu'il faisait partie d'une longue lignée de médecins qui avaient eux aussi dû accomplir ces tâches peu intéressantes lui donna le courage de persévérer.

Ce fut aussi le cas d'une femme enceinte qui, après avoir vécu des moments de grandes joies, fut prise de panique à la perspective de l'accouchement. Elle avait peur de ne pas être capable de supporter les douleurs, peur de mourir, peur d'avoir un enfant difforme ou mort-né. Pour surmonter ces peurs, elle se mit à penser à toutes les femmes qui l'avaient précédée et qui avaient surmonté les mêmes tourments physiques et psychologiques. Cette réflexion l'a réconciliée avec les défis et les aléas de la maternité.

Ce médecin et cette future maman ont puisé leur force et leur courage dans la considération des grandes images archétypales qui les habitaient. Ainsi reliés à la puissance du mythe du guérisseur et de celui de la mère universelle, ils ont pris conscience qu'ils n'étaient plus seuls à vivre leur aventure, mais qu'ils étaient en relation avec l'humanité.

Peur des réactions de son entourage

L'opinion des autres est un facteur important pour persévérer dans sa mission ou pour l'abandonner. Le rejet possible des intimes réveille les vieilles peurs d'être abandonné qui remontent à l'enfance. Il n'est pas rare que la décision de poursuivre sa mission effraie et dérange les parents et les proches. Les exemples sont nombreux: un père décide de laisser tomber un emploi lucratif pour suivre sa passion; une mère désire commencer des études lui permettant d'embrasser une carrière; la fille désire épouser un garçon qui ne fait pas l'affaire des parents; le fils, nullement intéressé à marcher sur les traces de son père, caresse d'autres projets de vie. Il est pénible de devoir aller à l'encontre des attentes des membres de sa famille. Ceux-ci manifesteront leur désaccord de diverses façons: froideur, retrait, sarcasmes, et même menaces en tout genre. Mais le prix à payer pour réaliser le désir de son âme n'est jamais trop élevé, même s'il faut affronter le désaccord et l'incompréhension.

La tendance qui caractérise les institutions, qu'il s'agisse de la famille, de l'école, du gouvernement, de l'armée, des institutions religieuses ou autres, consiste à récompenser la soumission et la conformité plutôt que l'autonomie et l'originalité. Or, rien ne milite autant contre la réalisation d'une mission nouvelle. Les gardiens de la tradition, de l'ordre et de la stabilité voient d'un mauvais œil ceux et celles qui veulent suivre la voix de leur âme. Et paradoxalement, ce sont les originaux, les initiateurs, les inventeurs, les créateurs, les artistes qui, en bousculant les vieux tabous et les lois désuètes, font progresser les institutions qui les avaient pourtant «excommuniés». Je ne me fais pas toujours des amis lorsque j'affirme à mes étudiants qu'au mitan de la vie, on doit moins obéir à la volonté de ses supérieurs qu'à ses appels profonds...

Suivre sa mission peut même signifier devoir s'éloigner de son groupe d'appartenance, parce qu'il sera trop difficile de supporter les remarques: «Pour qui se prend-il pour changer de travail? Quel touche-à-tout! Il ne peut rester à sa place!» Celui qui est prêt à suivre son appel doit aussi accepter de subir la suspicion et l'agressivité de ceux qui n'ont pas eu le courage de le faire. Rompre la quiétude conformiste d'un milieu ou d'un groupe brise l'image bien arrêtée que les autres se font de soi. Perdre sa réputation de «bon garçon» ou de «bonne fille», voilà parfois le prix à payer pour réaliser le rêve de son âme. Il faut savoir supporter cette peur viscérale enracinée dans la sensibilité de l'enfant en nous, en somme, faire face à la peur de la désapprobation et du rejet social.

Dire «oui» à sa mission fait peur, car cela oblige à choisir ses vrais amis. Heureux celui qui pourra compter sur l'encouragement d'au moins une personne qui croit en lui et en sa mission. À la veille d'entreprendre des études de psychologie, j'ai reçu l'appui inconditionnel de mon supérieur local. Il ne l'a peut-être jamais su mais, dans les heures les plus noires, ses paroles m'ont redonné le courage de continuer.

Se chercher de vrais collaborateurs

Je confiai un jour à un confrère mon projet de publier un deuxième livre au cours de l'année. Il me conseilla de ne pas le faire, prétendant que c'était une recherche malsaine de popularité et un désir exagéré de gagner de l'argent. D'abord quelque peu ébranlé par ses remarques, je les balayai bien vite de mon esprit et je poursuivis mon projet d'écriture. Quand on est sur le point de réaliser sa mission, il faut apprendre à discerner les «prophètes de malheur» et à les éloigner de soi. En effet, les conseils qu'ils donnent tiennent davantage de leur propre peur, voire de leur jalousie, que du désir d'aider.

Pour accomplir sa mission, savoir demander de l'aide est aussi un atout précieux. Souvent, par gêne et par esprit d'indépendance mal placé, on n'ose pas solliciter l'aide d'autrui. N'est-ce pas aussi un trait de la culture nord-américaine de faire cavalier seul, de se targuer qu'on a réussi seul et de pouvoir dire: *«I did it my way»*, comme le chante si bien Frank Sinatra? Aussi est-il important pour une personne qui caresse un grand projet de s'asseoir et de dresser une liste de tout ce dont elle aura besoin: ressources matérielles, connaissances, coopérateurs, encouragement, etc. Une fois sa liste complétée, la personne sera à même de déterminer les tâches qu'elle pourra remplir seule. Pour le reste, elle devra se faire aider. Ne pas demander d'aide, c'est le meilleur moyen de ne pas en avoir. En revanche, si on ose en demander, on est presque toujours assuré d'en obtenir. En effet, la plupart des gens se sentent honorés de la confiance qu'on leur fait.

Nous recherchons chez nos collaborateurs des qualités spéciales. Ils doivent eux aussi croire en notre projet, et même en être emballés. Il est toutefois important qu'ils manifestent un certain détachement. Nous ne voulons pas une relation de dépendance, mais d'interdépendance respectueuse qui s'apparente à celle d'un mentor et de son disciple. De plus, il est préférable de choisir un collaborateur qui est lui-même en train d'accomplir sa propre mission, une personne qui connaît son chemin pour l'avoir parcouru et qui est à même d'apporter sa précieuse expérience et ses conseils pratiques. Pour la rédaction de mes livres, j'ai trouvé le mentor idéal: il s'intéresse à mon travail, corrige mes écrits, dénonce les manques de clarté, conteste certaines affirmations, suggère des améliorations et se réjouit de mes réussites.

Renouveler constamment son engagement

Il ne faudrait pas croire qu'une fois la mission accomplie, il ne vous reste plus rien à faire dans la vie. En effet, après avoir répondu à votre appel, il vous sera de plus en plus difficile de faire taire votre petite voix intérieure. Celle-ci exigera que vous continuiez de valoriser le rêve de votre âme. Elle ne cessera de vous tourmenter après les premiers succès. Constamment tournée vers l'avenir, elle ne vous permettra pas de regarder en arrière. Elle ne vous laissera aucun répit; elle pointera vers d'autres défis, par exemple celui de rejoindre plus de gens et de les influencer davantage.

Quand je jette un regard sur ma vocation de communicateur incitant les personnes à s'aider, je découvre que ma mission a atteint des horizons plus vastes que ce que j'avais prévu au départ. Je fus d'abord psychothérapeute, puis animateur de petits groupes, ensuite écrivain apprenant aux gens à se dépanner eux-mêmes. Malgré ma timidité, j'ai commencé par dire «oui» à l'invitation de parler à de petits groupes. J'ai redit mon «oui» quand il s'est agi de m'adresser à de larges auditoires ou d'accorder des entrevues dans les médias: journaux, radio et télévision. Mes premiers «oui» m'ont amené à donner des sessions de formation en Europe. Que me reste-t-il encore à entreprendre? Créer un site sur Internet? Mettre sur pied un centre pour la formation de multiplicateurs? Écrire d'autres livres développant les thèmes déjà abordés? Je n'entrevois pas encore le bout de ma mission.

Exercice de visualisation des obstacles à surmonter pour réaliser sa mission

Parfois, la seule pensée de voir se concrétiser sa mission fait surgir toutes sortes de peurs et d'obstacles qu'on imagine en travers de sa route. Fantasmes ou réalité? Pour s'en rendre compte, voici un exercice de visualisation qui permettra de bien les regarder en face et de trouver les moyens de les apprivoiser.

Relisez le compte rendu virtuel de votre mission. Si vous ne le trouvez pas encore assez précis, vous pouvez y ajouter les précisions qui s'imposent.

Peu à peu, entrez en vous-même. Fermez les yeux si nécessaire. Écoutez les bruits et les sons qui vous entourent, et entrez plus profondément en vous. Prenez conscience de vos inspirations... et de vos expirations... Cela vous aidera à augmenter votre degré d'intériorisation.

Laissez vos tensions se dénouer. Expirez lentement votre fatigue. Ressentez la détente de votre corps.

Maintenant, imaginez un symbole qui pourrait représenter votre mission, que ce soit une personne, un objet, un animal, un paysage ou autre chose. Entourez cet être de lumière et placez-le sur le sommet d'une quelconque élévation. Prenez le temps de bien le contempler.

Contemplez aussi le chemin qui conduit à votre symbole.

Prenez le temps de bien l'imaginer.

Tout au long de ce chemin, vous voyez, entendez et ressentez la présence d'êtres plus ou moins bizarres. Ils sont là, à droite et à gauche du chemin, pour vous empêcher d'atteindre votre mission.

Pendant ce temps, tout à l'intérieur de vous-même, vous renouvelez votre désir et votre volonté de parcourir le chemin qui vous sépare de l'objet de vos rêves. Vous tenez les yeux fixés sur la splendeur du symbole de votre mission, là-haut sur l'élévation.

D'un côté de la route, vous faites la rencontre d'entités qui essaient de vous distraire. Elles vous indiquent des chemins de traverse. Elles vous appellent à les suivre. Imaginez les choses et les activités qu'elles vous présentent pour vous séduire et vous distraire de la voie de votre mission.

De l'autre côté du chemin, des êtres essaient de vous faire peur. Imaginez ce qu'ils vous disent pour vous décourager d'avancer. «Tu n'es pas capable... tu n'y arriveras pas... tu n'as ni le courage ni la persévérance nécessaires pour atteindre ton but... laisse tomber, c'est trop difficile...» Vous pouvez même identifier les personnes qui pourraient vous dire de telles paroles.

Encore plus loin, vous voyez les prophètes de malheur. Écoutez ce qu'ils disent.

Sur le chemin, il y a des personnes qui redoutent votre réussite; elles ont peur que vous changiez trop à leur yeux, elles craignent de ne plus vous reconnaître. Par conséquent, elles veulent vous dissuader de poursuivre votre mission. Elles menacent de vous quitter. Qui sont ces personnes?

Vous rencontrez aussi des gens moqueurs qui ridiculisent votre projet. Qu'est-ce que vous leur dites? Une bonne tactique consiste à les ignorer tout simplement.

Vous rencontrez ensuite des personnes qui tentent de vous séduire et de vous distraire de votre mission. Vous les imaginez en train d'essayer de disperser vos énergies.

Vous vous arrêtez pour dialoguer avec certains de ces êtres adversaires de votre mission. Pour les autres, vous ne voyez même pas l'utilité de vous attarder.

À chaque obstacle que vous rencontrez, vous continuez de vous concentrer sur votre mission et vous ressentez en vous le courage, la force et l'enthousiasme.

Tous ces personnages sinistres ne font que redoubler votre détermination intérieure d'atteindre votre mission.

Enfin parvenu au symbole de votre mission, vous prenez le temps d'en prendre possession. Vous savourez votre victoire et vous laissez monter en vous un sentiment de fierté et de satisfaction. Vous jetez un regard rapide sur tous les obstacles rencontrés et vous vous félicitez de votre courage, de votre adresse et de votre persévérance. Ces sentiments continueront de vous animer dans les jours, les semaines, les mois et les années à venir.

Peu à peu, vous revenez à l'extérieur de vous-même, vous le faites à votre propre rythme. Vous ouvrez lentement les yeux. Vous vous sentez calme, détendu et fier de vous.

* * *

L'histoire de Jonas connut un dénouement heureux. Dès qu'il eut accepté sa mission, la tempête sur la mer s'apaisa. Il prêcha aux gens de Ninive qui reçurent la lumière et furent convertis. Dieu lui-même changea: il délaissa son esprit de vengeance et fut rempli de compassion pour les Ninivites. Le «oui» de Jonas dépassa les limites de son drame personnel; il rayonna sur tout son entourage.

Le dialogue fait d'appels et de réponses à votre mission vous met en contact direct avec les profondeurs du Soi, le Dieu intime à votre âme, et, par une mystérieuse alchimie, avec la communauté qui vous entoure. La réalisation de votre mission s'avère contagieuse; elle crée un champ d'énergie invisible mais bien réel. Suite à l'acceptation de votre mission, d'autres personnes se réveilleront de leur stupeur et de leur vide existentiel, laisseront monter le rêve de leur âme et se mettront à croire à leur mission.

Journal de mes découvertes sur ma mission

Pourquoi faire un journal?

Vous qui avez lu cet ouvrage, vous vous demandez peut-être où vous en êtes rendu dans la recherche de votre mission. Le présent chapitre vous aidera à faire le bilan de vos découvertes. En particulier, il vous fera d'abord compiler les résultats des exercices, les mettre en ordre et préciser davantage votre énoncé de mission.

Le résumé de vos trouvailles suit le plan des chapitres concernés.

La phase du lâcher prise

I. Faire mes deuils (chapitre 4)

Divers types de deuil

À quelle étape de transition suis-je rendu et à quelles pertes prévisibles suis-je confronté?

Pertes subies pendant l'enfance: _____

_____

Pertes reliées à l'adolescence: _____

_____

Pertes surgissant au mitan de la vie: _____

_____

Pertes au moment de la retraite: _____

_____

Pertes qui sont le lot de la vieillesse: _____

_____

Pertes dues à maladie et à des handicaps:_____

_____

Autres: _____

_____

_____

_____

À quelles pertes accidentelles non prévues avez-vous été confronté?

Accidents: _____

_____

Congédiement et chômage: _____

_____

Divorce et chagrin d'amour: _____

_____

Faillite: _____

_____

Perte de réputation: _____

_____

Autres: _____

_____

_____

_____

Quels indices vous révèlent qu'un changement est en train de s'amorcer dans votre vie?

Ennui, sentiment de vide et de non-sens: _____

_____

Nostalgie, dépression et vague à l'âme:_____

_____

Sentiment de culpabilité d'avoir manqué son coup dans la vie:

_____

Symptômes physiques difficilement explicables par la médecine:

_____

Rêves éveillés sur ce que j'aurais pu accomplir: _____

_____

À quelle phase de votre deuil êtes-vous rendu?

Suis-je en train de vivre le choc et la négation de mon deuil?

_____

_____

Est-ce que je me permets de vivre mes émotions et mes sentiments: impuissance, peur, tristesse, colère, peine, libération, prise de conscience que tout est bien fini? _____

_____

_____

Suis-je prêt à prendre acte de ma perte et à commencer à régler certaines affaires, par exemple à me dépouiller des choses inutiles, à compléter les transactions, à me dégager de ce qui n'est plus, etc.? _____

_____

À la suite de la perte que j'ai subie, suis-je sur le point de trouver un sens à ma vie et d'envisager une mission spéciale découlant du drame que je viens de vivre? _____

_____

Suis-je capable de me pardonner pour mes manques d'amour et de pardonner aux autres de m'avoir quitté? _____

_____

_____

Suis-je en train de récolter l'héritage de tous mes amours, des efforts et énergies que j'ai déployés pendant que j'étais attaché à l'être cher? _____

_____

II. Guérir pour retrouver ma mission (chapitre 5)

Mes blessures

Quelles blessures majeures devrai-je guérir pour regagner la confiance en moi-même? _____

_____

_____

_____

Le pardon et ses étapes

À quelles étapes du pardon suis-je arrivé?

J'en ai fini avec l'idée de vengeance: _____

Je prends conscience davantage de ma blessure: _____

_____

J'en parle à mon offenseur ou à une personne de confiance: ___

_____

Je cible bien la partie blessée de mon être pour faire mon deuil:

_____

Je surmonte mes mouvements de vengeance et d'agressivité:

_____

Je me pardonne de m'être laissé agresser et de continuer à me faire mal: _____

Je comprends mon offenseur: _____

Je donne un sens à ma vie à la suite de ma blessure: _____
_____

Je renonce au sentiment de supériorité morale que le fait d'avoir pardonné pourrait me donner: _____
_____

Je m'en remets à l'amour de Dieu qui m'a pardonné et qui me donne la force de pardonner: _____
_____

Je me réconcilie dans mon cœur avec mon offenseur et je réfléchis pour savoir s'il est prudent de bâtir une nouvelle relation avec lui ou elle: _____
_____

Ma mission

Indice d'une mission découlant de mes deuils et de mes blessures: _____
_____
_____
_____

Le sens que prend ma vie à la suite d'un deuil ou d'une blessure grave me fournit-il des indices sur ma mission? _____
_____
_____
_____

La phase de la «marge»

I. Identification de mon ombre (chapitre 6)

Je résume mes découvertes et je décris quels aspects de mon ombre j'ai découverts en moi à la suite des questions que je me suis posées sur mon ombre. _____

_____

_____

_____

_____

_____

Jusqu'à quel point ai-je réussi à m'en faire une amie et à l'intégrer afin de me sentir plus en harmonie avec moi-même?

_____

_____

_____

_____

II. La recherche de mon identité (chapitre 7)

Plusieurs se demandent quelle est leur identité profonde, la nature de leur Soi. Comme nous l'avons dit, le Soi émerge à mesure qu'on se dépouille de ses identités superficielles soit à la suite d'une perte involontaire, soit par l'exercice de la désidentification.

Quels ont été les résultats des deux exercices de désidentification?
De quoi ai-je pris conscience? _____

_____

_____

_____

_____

_____

_____

Recherche des symboles qui me définissent le mieux

Je résume ici les résultats obtenus lors des exercices faits pour
découvrir mon identité.

Premier exercice

Les histoires qui ont enchanté mon enfance, mon adolescence et
ma maturité:

1-_____

2-_____

3-_____

Deuxième exercice

Quelles sont les qualités morales que je retrouve chez mes
«héros»? _____

_____

_____

_____

Troisième exercice

À quel personnage historique ou mythique, animal, plante, etc. me suis-je identifié? _____

_____

Décrire comment cet être me définit en partie. _____

_____

_____

_____

Quatrième exercice

Description des qualités qui font de moi une personne unique.

_____

_____

_____

_____

III. Stratégies pour découvrir ma mission (chap. 8)

Histoire de ma vie, révélation de mon avenir

À la suite du retour sur votre histoire personnelle, vous avez perçu un certain nombre de constantes soit des gestes, des attitudes, des prises de position ou des décisions et des qualités relationnelles. Ces informations sur vous-même vous auront aidé à définir les archétypes qui vous habitaient. Nommez ces archétypes en décrivant succinctement leur influence sur votre vie:

_____

_____

_____

_____

_____

_____

_____

Ai-je trouvé dans l'histoire de ma vie des thèmes récurrents qui m'auraient donné des indices sur ma mission? _____

_____

_____

_____

Me suis-je identifié à des archétypes? Lesquels? _____

_____

Archétype 1: _____

Archétype 2: _____

Les intuitions de mon adolescence

Quels sont les héros — et leur mission — dans lesquels j'ai discerné des indices avant-coureurs de ma mission? _____

_____

_____

Mon oraison funèbre

Je résume brièvement les principaux traits de ma personnalité et de ma mission tels qu'ils furent décrits dans l'éloge funèbre lors de mes funérailles: _____

_____

_____

_____

_____

_____

_____

Conclusion

Avec les données recueillies dans ce chapitre, vous aurez commencé à décrire certains paramètres de votre mission.

IV. Ma passion, ma mission (chapitre 9)

Ici, il faudrait relire votre dernier énoncé provisoire de mission tel que rédigé au chapitre 9. Reprenez-le à la lumière de toutes vos trouvailles et de l'ensemble des informations acquises. Ajoutez dans le libellé de votre mission les qualités qui la justifient et le contexte dans lequel vous désirez l'exercer.

Mon troisième énoncé de mission: _____

_____

_____

_____

_____

_____

_____

Les appels venant de l'Univers (chapitre 10)

Les métaphores que je retiens sur ma mission et sur ma vision du monde et de l'univers: _____

_____

_____

Je suis attentif aux messages que m'envoie le monde (synchronicité): _____

_____

_____

Je me souviens des messages qui me sont venus de certains prophètes: _____

_____

_____

Résumé de la phase de «marge»

Prenez maintenant le temps d'observer la cohérence entre votre énoncé de mission et l'ensemble des informations que vous avez accumulées ci-dessus. Demandez-vous par exemple: est-ce que mon énoncé de mission est en harmonie avec ma vision du monde, avec le sens que j'ai donné à ma vie à la suite des pertes que j'ai subies, avec les messages venus de personnes signifiantes, avec les symboles auxquels je me suis identifié, avec mon archétype principal, avec les traits de ma personnalité découverts lors de mon éloge funèbre, etc.

Si oui, il semble bien que votre énoncé de mission traduit l'aspiration authentique de votre âme. Si, au contraire, il n'y a que très peu de correspondance entre le libellé de votre mission et les informations recueillies, demandez-vous quelles corrections il vous faudrait apporter.

La phase du nouveau départ

Mon compte rendu virtuel: description détaillée de ma mission (chapitre 11)

S'il y a des comptes rendus virtuels intermédiaires, quels sont-ils?

Premier compte rendu virtuel intermédiaire: _____

_____

_____

_____

Deuxième compte rendu virtuel intermédiaire: _____

_____

_____

_____

Mes résistances à accomplir ma mission (chapitre 12)

Nostalgie du passé: _____

_____

Précipitation: _____

_____

Doutes sur l'authenticité de ma mission: _____

_____

Indécision même lorsque la vision de ma mission est claire: ___

_____

Peur de la résistance de mes connaissances: _____

_____

Peur d'être abandonné de mes proches: _____

_____

Acceptation d'être «testé»

_____

_____

Liste des «faux prophètes» à éviter

_____

_____

_____

_____

Liste de mes collaborateurs possibles

_____

_____

_____

_____

Prévoir l'expansion que peut prendre ma mission

_____

_____

_____

_____

Bibliographie

Adrienne, Carol (1998). *The Purpose of your Life*, New York, Eagle Brook.

Billington, Antony et al. (édit.) (1995). *Mission and Meaning: Essays presented to Peter Cotterell*, Carlisle, U.K., Paternoster Press.

Bolles, Richard Nelson (1991). *How to find your Mission in life*, Berkeley, Ten Speed Press.

——————— (1995). *What Color is Your Parachute: A Practical Manual for Job-Hunters and Career Changers*, Berkeley, Ten Speed Press.

Brewi, Janice et Anne Brennan (1982). *Mid-Life: Psychological and Spiritual Perspectives*, New York, Crossroad.

Bridges, William (1996). *Transitions: Making Sense of Life's Changes*, Menlo Park, CA, Addison-Wesley.

Cameron, Julia (1997). *The Vein of Gold: a Journey to your Creative Heart*, New York, Tarcher/Putnam.

Campbell, Joseph (1998). *The Power of Myth with Bill Moyers*, New York, Doubleday.

Christus, Pratiques ignatiennes: donner et recevoir les Exercices spirituels, Mai 1996, n⁰ 170. Voir particulièrement le chapitre sur l'élection, à partir de la page 180.

Cochran, Larry R. (1990). *The Sense of Vocation: A Study of Career and Life Development*, Albany, State University of New York Press.

Coelho, Paulo (1994). *L'Alchimiste*, Paris, Anne Carrière. Traduit du portugais par Jean Orecchioni (Brésil, 1988).

Covey, Stephen (1989). *The Seven Habits of Highly Effective People: Restoring the Character Ethic*, New York, Simon and Schuster. Traduction française (1991): *Les sept habitudes de ceux qui réalisent tout ce qu'ils entreprennent*, Paris, First.

Daudet, Alphonse (1942), *Lettres de mon moulin*, Paris, Nelson Éditeurs.

Enright, Robert D. et Joanna North (édit.) (1998). *Exploring Forgiveness*, Madison, University of Wisconsin Press.

Frankl, Viktor (1988). *Découvrir un sens à sa vie avec la logothérapie*, Montréal, Les Éditions de l'Homme.

Gennep, Arnold van (1969). *The rites of passage*, Chicago, University of Chicago Press.

Haineault, Pierre (1997). *Comment tirer profit des bouleversements de sa vie*, Outremont, Quebecor.

Hillman, James (1997). *The Soul's Code: In Search of Character and Calling*, New York, Warner Books.

Johnson, Robert (1974). *He: Understanding Masculine Psychology*, New York, Harper and Row.

Jones, Laurie Beth (1996). *Tous les chemins mènent à soi: l'importance de trouver sa voie*, Montréal, Le Jour.

Jung, Carl Gustav (1965). *Memories, Dreams and Reflections*, New York, Bantam House.

Keen, Sam et Anne Valley-Fox (1989). *Your Mythic Journey: Finding Meaning in your Life Through Writing and Storytelling*, Los Angeles, Jeremy P. Tarcher.

Kornfield, Jack (1993). *A Path With Heart: A Guide Through the Perils and Promises of Spiritual Life*, New York, Bantam Books.

Levoy, Gregg (1997). *Callings: Finding and Following an Authentic Life*, New York, Harmoy Books.

McCarthy, Kevin W. (1994). *La puissance d'une vision: comment donner un sens à votre vie*, Saint-Hubert, Éditions Un Monde différent.

McNally, David (1996). *Même les aigles ont besoin d'une poussée: sachez prendre votre essor dans un monde en pleine évolution*, St-Hubert, Éditions Un Monde différent.

Menuhin, Yehudi (1975). *Unfinished Journey*, London, Futura.

Monbourquette, Jean et al. (1996). *Je suis aimable, je suis capable: parcours pour l'estime et l'affirmation de soi*, Outremont, Novalis. VIe partie, chapitre 9.

——————— (1992). *Comment pardonner? Pardonner pour guérir, guérir pour pardonner*, Outremont/Paris, Novalis/Centurion.

——————— (1983). *Grandir: aimer, perdre et grandir*, Outremont, Novalis.

Pacot, Simone (1997). *L'évangélisation des profondeurs*, Paris, Cerf.

Pauchant, Thierry C. et al. (1996). *La quête du sens*, Montréal, Québec/Amérique. En particulier, lire l'article d'Estelle Morin «L'efficacité organisationnelle et le sens du travail», p. 257-288.

Robbins, Anthony (1993). *L'éveil de votre puissance intérieure*, Montréal, Le Jour.

Roberge, Michèle (1998). *Tant d'hiver au cœur du changement*, Sainte-Foy, Éditions Septembre.

Sher, Barbara (1994). *I Could Do Anything If I Only Knew What It Was: How to Discover What You Really Want and How to Get It*, New York, Delacorte Press.

Spangler, David (1996). *The Call*, New York, Riverhead Books.

——————— (1996). *Everyday Miracles: The Inner Art of Manifestation*, New York, Bantam Books.

Stephan, Naomi (1994). *Fulfill Your Soul's Purpose: Ten Creative Paths to your Life Mission*, Walpole, NH, Stillpoint Publishing.

Viorst, Judith (1988). *Les renoncements nécessaires*, Paris, Robert Laffont.

Table des matières

IMPRESSION
IMPRIMERIE GAGNÉ

IMPRIMÉ AU CANADA